Werner Ablass

Spielen statt kämpfen

Werner Ablass

Spielen statt kämpfen

NO ONE VERLAG

2. überarbeitete Auflage September 2010
Copyright© 2010 by No One Verlag

Umschlaggestaltung: Ingrid Lill, Herlufmagle, Danmark
Satz und Lektorat: Albert Eisenring, Gossau ZH, Suisse

ISBN: 978-3-942634-00-7

Herstellung und Verlag: BoD- Books on Demand, Norderstedt

NO ONE VERLAG
Fachverlag für non-duales Bewusstsein
Werner Ablass
Hartmannstraße 24
74336 Brackenheim-Stockheim
Telefon: 07135-933777
info@wernerablass.de
www.wernerablass-coaching.de

Für Yannick

INHALT

Etwas Gescheiteres kann einer doch nicht treiben in dieser schönen Welt als spielen. Mir kommt das ganze Leben vor wie ein Spiel.

Henrik Ibsen

Vorwort

Geschätzter Leser; in diesem Buch geht es nicht um die Präsentation neuer mentaler Techniken zum Erfolg, sondern nur um Bewusstsein. Sie können und Sie müssen nichts tun, um ein sorgenfreies Leben ohne Angst vor einer ungewissen Zukunft zu führen! Sie müssen vor allem keine mentale Technik erlernen. Sie können zwar so viele Techniken lernen und anwenden, wie Sie wollen, dagegen spricht überhaupt nichts, aber Sie *müssen* es nicht, um den sogenannten Existenzkampf ein für allemal zu beenden.

Ich wende mich mitnichten gegen mentale Techniken. Ich habe sie angewandt und kann nicht behaupten, sie wären falsch oder führten nie zum Erfolg. Was ich dabei jedoch herausfand, ist, dass es Spielzeuge sind.

Solange Sie glauben, ein kleines, begrenztes Menschlein zu sein, das etwas *tun muss* oder gar *kämpfen* muss, um auf der Sonnenseite des Lebens zu stehen oder finanzielle Freiheit zu genießen, sind Sie mit einem Kind zu vergleichen, das daran glaubt, dass der Weihnachtsmann es beschenkt, wenn es nur einen Wunschzettel schreibt. Wer wollte behaupten, dass das nie funktioniert!? Wahrheit ist dennoch, dass weder das Schreiben von Wunschzetteln noch der Weihnachtsmann die

Wünsche des Kindes erfüllt. Wahrheit ist auch, dass keine einzige mentale Methode den Geldfluss anregt. Übrigens ebenso wenig wie steigende Aktienkurse, optimale Geschäftsideen oder der Hände Arbeit.

Mein spiritueller Lehrer Ramesh Balsekar betonte in jedem Meeting, das ich im Jahr 2004 in Mumbai, Indien, mit ihm erlebte: Alles ist Bewusstsein! Damals hatte ich nur eine vage Vorstellung dessen, was er damit meinte. Heute ist mir klar, dass außer Bewusstsein überhaupt nichts existiert. Und dass somit allein Bewusstsein für das verantwortlich ist, was mit uns *kleinen Menschlein* scheinbar geschieht.

Eingeschränkt auf die Sichtweise des Massenbewusstseins, werden und müssen Sie zwangsläufig genau das erfahren, was die Masse aller Menschen erfährt: Existenzangst, die dazu führt, sich ein Leben lang Sorgen zu machen, vollkommen unabhängig davon, ob Sie zu den Reichen, der Mittelschicht oder den Hartz IV Empfängern gehören. Ich kenne wohlhabende Menschen, die nicht weniger um den Verlust ihres Wohlstands bangen, wie sich Hartz IV-Empfänger darum sorgen, über die Runden zu kommen.

Menschen, in deren Bewusstsein sich der Wandel vollzieht, von dem in diesem Buch die Rede sein wird, brechen aus diesem Spiel ein für allemal aus. Sie befinden sich im *natürlichen Zustand* und in diesem können sich weder Angst, Sorgen, noch Mangelgefühle einnisten.

Die Einführung mag dem praxisorientierten Leser zu philosophisch und daher wenig nützlich erscheinen. Jedoch selbst dann, wenn Sie nicht sofort alles verstehen, wäre es nicht ratsam, sie zu überspringen, weil sie die Grundlage des Verständnisses bildet, mit dem Sie **ein für allemal aus dem Existenzkampf ausbrechen können**, damit Ihr Leben werden kann, wozu es angelegt ist: Nicht mehr, aber auch nicht weniger als ein abenteuerliches Spiel ohne die übliche Selbstbegrenzung.

Lesen Sie dieses Buch mit dem Herzen, erkennen Sie weniger rational als intuitiv, worum es inhaltlich geht. Denn lesen Sie es mit der Brille Ihrer vorhandenen *Konditionierungen,* werden Sie das Buch womöglich schon nach den ersten Seiten als blanken Nonsens verwerfen.

Einführung

Das virtuelle Spiel, das wir Existenz nennen und von der wir lediglich glauben, sie sei real, ist jeder uns bekannten virtuellen Realität weit überlegen. Sie bietet nicht allein den 3D-Effekt, sondern den bisher unnachahmlichen Eindruck, in einer als real erscheinenden Welt tatsächlich die Person zu sein, die letztlich nur als Spielfigur dient, um durch das Spiel navigieren zu können. In Wahrheit ist unsere Geburt der Spielbeginn und der Tod das, was man in allen uns bekannten Spielen als „Game Over" bezeichnet. Geburt und Tod sind geniale Täuschungsmanöver, die an dem, was wir wirklich sind, nämlich Bewusstsein, nichts ändern. Das bedeutet: Sie sind sowohl vor ihrem Eintritt ins Spiel, als auch hernach Bewusstsein.

Es liegt mir fern, Sie von meiner Sichtweise „überzeugen" zu wollen. Erstens, weil übernommene Überzeugungen wie ein Kartenhaus einstürzen, wenn Sie getestet werden. Zweitens, weil es gar nicht notwendig ist; denn Sie *sind* tatsächlich Bewusstsein. Da dies lediglich in Vergessenheit geriet, brauche ich Sie nur daran zu erinnern, und genau das ist es, was in diesem Buch immer und immer wieder geschieht.

Könnten Sie Ihr Menschsein nur einen einzigen Tag lang als virtuelles Spiel anstatt als Kampf, Entwicklung auf ein Ziel hin oder als Schule betrachten, würden Sie erfahren, wie leicht und locker Ihnen die Dinge von der Hand gehen und dass Sie sich über unangenehme Situationen weit weniger aufregen oder ihretwegen frustriert sind. Selbst dann also, wenn Sie lediglich mit der *Annahme* leben würden, das Leben sei nur ein Spiel, würden Sie spürbar erleben können, dass es Ihnen mit diesem „Denkmodel" weit besser geht, als mit anderen Weltanschauungen, die ebenso wenig beweisbar sind, wie diese hier.

Nun bitte ich Sie um ein wenig Geduld, weil ich zunächst einige Begriffe erklären muss, die ich häufig benutze. Diese Begriffe sind:
Ebene A
Ebene B
Bewusstsein
Bewusstsein im Spiel oder einfach nur Spiel(e)

Im Sein existieren keine Ebenen, es bieten sich uns jedoch verschiedene Perspektiven dar, mit denen wir es betrachten können. Diese nenne ich Ebenen.

Ebene A steht für das unverursachte, unbegrenzte, allumfassende, zeitlose Potenzial allen Seins. Dem ähnlich, was Quantenphysiker Quantenfeld oder Nullpunkt-Feld nennen, ein Feld reiner Potentialität.

Ebene B steht für das aktualisierte, manifeste, entfaltete Sein, das sich verursacht, zeitlich und räumlich begrenzt wahrnimmt.

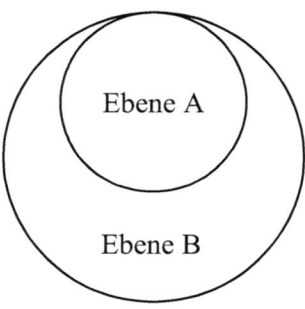

Beide Ebenen sind als Kreise abgebildet, da das Sein weder Anfang noch Ende besitzt.

Die Schnittstelle am oberen Rand soll andeuten, dass sich sowohl potentielles, als auch aktualisiertes Sein aus derselben Energie speisen und gegenseitig bedingen.

Nehme ich Ebene B am äußersten unteren Rand wahr, scheint ein großer Abstand zwischen den beiden Kreisen zu bestehen. Dies soll die Wahrnehmung anzeigen, wenn auf Ebene B geglaubt wird, sich „auf großer Distanz" zum inneren Kreis (oder zu Ebene A) zu befinden. Je mehr sich der äußere Kreis der Schnittstelle nähert, desto kleiner wird der Abstand, und an der Schnittstelle selbst existiert überhaupt keine Distanz mehr. Genau das geschieht, wenn sich aktualisiertes Sein auf Ebene B daran erinnert, dass es unbegrenzt ist. Das Sein befindet sich dann zwar noch immer auf Ebene B, nimmt aber keine Distanz zu Ebene A wahr, ist eins mit ihr und kann jederzeit die Ebenen wechseln, ohne sich dabei von Ebene A zu entfernen, was ohnehin nie der Fall ist, da Ebene B Illusion ist.

Was wir als Universum bezeichnen, ist sozusagen die „sich begrenzt oder eingeschränkt wahrnehmende Seite" im unbegrenzten Bewusstsein. Auf Ebene B erfährt Bewusstsein sich so, als sei es zeitlich und räumlich begrenzt und in unzählig unterschiedlichen Formen existent. Diese begrenzte Wahrnehmung hat jedoch ebenso wenig einen zeitlichen Beginn, wie die Unbegrenztheit auf Ebene A. Es liegt einfach in der Natur des Bewusstseins, zeitlos und vollkommen zu sein und sich gleichzeitig zeitlich und unvollendet, sozusagen in einem immerwährenden Prozess des Werdens und Vergehens, wahrzunehmen.

Bewusstsein auf Ebene A ist Unbewegtheit und Konstanz. Auf Ebene B scheint es sich *dauerhaft* zu bewegen und zu wandeln. Doch das Prinzip der Wandlung und Kausalität ist ebenso zeitlos wie die Konstanz. Es sind lediglich zwei Aspekte ein und desselben Bewusstseins.

Wenn ich den Begriff „Bewusstsein" benutze, meine ich damit also nicht Gott als Schöpfer. Im besten Fall weise ich auf eine unpersönliche, kosmische Weisheit hin, da über Bewusstsein überhaupt **nichts** gesagt werden kann, das nicht missverständlich ist, wenn es auf Ebene B formuliert und kommuniziert wird.

Weil alles Bewusstsein ist, ist jede Handlung, jede Erfahrung und jede Entwicklung auf Ebene B ebenso perfekt, wie das potenzielle Sein auf Ebene A. Denn es gibt nichts, was nicht Bewusstsein wäre.

Die wahre Bedeutung all dessen, was auf Ebene B geschieht, entzieht sich letztlich unserem begrenzten menschlichen Fassungsvermögen, doch am nächsten kommen wir ihr (so meine ich), wenn wir das, was geschieht, als ein *Spiel* betrachten, das von Bewusstsein gespielt wird.

Was immer wir auf Ebene B erleben, das Schönste und Hässlichste, das Beste und Schlechteste, das Höchste und Niedrigste, das Wertvollste und Wertloseste, wollen wir später aus der Perspektive: „Bewusstsein im Spiel", oder „Bewusstsein, das (mit sich selbst) spielt", betrachten.

Bewusstsein im Spiel ist, so unglaublich uns dies angesichts des uns so wirklich erscheinenden Universums erscheinen mag, nichts anderes als eine Art Fata-Morgana: In Wahrheit überhaupt nicht vorhanden.

Obwohl das folgende Beispiel (wie jedes Beispiel) ein wenig hinkt, ist es damit ähnlich, wie mit einem Film, der auf dem Hintergrund einer Leinwand erscheint. Ohne Leinwand könnte kein Film erscheinen und doch ist die Leinwand nicht in das Filmgeschehen involviert. Andererseits: Ohne Film macht eine Leinwand keinerlei Sinn. Sie stünde nutzlos herum. Leinwand und Film bedingen also einander, ohne dass die Leinwand in ihrer Existenz vom Film abhängig, oder jemals in das Filmgeschehen involviert ist. Was im Film passiert, wird von der Leinwand nicht beeinflusst, weil sie nur als Hintergrund dient. Der Film läuft nach dem Gesetz unverursachter und grundloser, in sich selbst begründeter Kausalität ab, wird jedoch von der Leinwand lediglich reflektiert. Insofern scheint die Leinwand nur deshalb unter dem Zwang des Filmgeschehens zu stehen, weil wir im Film auf die Handlungen im Film fixiert sind, der „als große Illusion" auf ihrem Hintergrund – der neutralen Leinwand – abläuft. Durchschauen wir jedoch den Zusammenhang zwischen Leinwand und Film, erscheint uns der Film als Illusion und die Leinwand als einzige Wirklichkeit. Allerdings ist die Leinwand ohne Film „nutzlos". Der Film ist es jedoch ebenso ohne die „Leinwand", weil er ohne sie nicht zu erscheinen vermag.

Ebene A (die Leinwand) ist auf Ebene B nur als Stille, Frieden und unverursachte Liebe wahrnehmbar. Das bedeutet jedoch nicht, dass auf Ebene A nichts „geschieht". Im Gegenteil: Auf ihr spielt sich der gesamte, nie begonnene und nie endende Film ab. Denn ebenso wie die Leinwand ohne Film nutzlos wäre, wäre (wie bereits erwähnt) der Film ohne Leinwand nicht spielbar. Wenn Sie allerdings auf Ebene B Ebene A realisieren, nehmen Sie intuitiv wahr, dass der Film Illusion ist, denn die einzige Realität ist die statische, leere, „ewige" Leinwand.

Auf Ebene B (dem Film) herrscht das Prinzip nie begonnener und nie endender Wandlung. Nichts wird im nächsten Moment so sein, wie es jetzt ist oder einmal war. Das Prinzip der Wandlung „beherrscht" Ebene B und ermöglicht es Bewusstsein überhaupt erst, Spiele zu spielen.

Was wir als Sinnesorgane, Instinkt und Verstand bezeichnen, sind letztlich Instrumente zur Wahrnehmungsbegrenzung. Da die Wahrnehmung auf Ebene B unendlichfach differiert, nimmt alles, was auf Ebene B „wahrnehmen" kann, das, was wir Welt nennen, jeweils auf andere Weise und in anderer Form, wahr. Ameisen anders als Bienen. Bienen anders als Bären. Bären anders als Rosen. Rosen anders als Mineralien. Mineralien anders als eine Körperzelle. Eine einzelne Körperzelle ganz anders als das, was sich als Hamburger vertilgender Fettwanst zum Ausdruck bringt. Dieser wiederum anders als ein nach unseren Maßstäben ungebildeter, lebende

Insekten vertilgender Pygmäe. Ein Pygmäe anders als die Genies Wolfgang Amadeus Mozart, Albert Einstein, Ken Wilber oder der erleuchtete Kettenraucher Nisargadatta Maharaj. Alles was wir existent oder real nennen, ist lediglich jeweils eine spezifische Wahrnehmung des Bewusstseins auf Ebene B.

Von daher ist alles, was auf Ebene B „geschieht", der zeitlose Traum oder das anfangs- und endlose virtuelle Spiel von Bewusstsein.

Auf Ebene A herrscht vollkommene Harmonie, bedingungslose Liebe und beständiger Frieden. Sie, mein geschätzter Leser, werden sich womöglich genau über diese Aussage ärgern, insbesondere dann, wenn Sie dabei an die scheinbaren Leiden oder Grausamkeiten denken, welche auf Ebene B erscheinen. Aus zwei Gründen stellt dieser Ärger lediglich eine Form der Begrenztheit auf Ebene B dar:

1. Der Kontext, in dem Freude und Schmerz erfahren oder bewertet werden, entspricht unserer äußerst begrenzten Wahrnehmung auf Ebene B. Auf Ebene A ist unsere gesamte Erfahrung weder ein Lernprozess, noch eine Entwicklung, ja, noch nicht einmal ein Spiel, das unserer begrenzten Vorstellung von einem Spiel entspricht.

2. Auf Ebene A existieren weder Vergangenheit, Gegenwart, noch Zukunft. Sämtliche Prozesse auf Ebene B sind im ewigen Jetzt nicht nur bereits abgeschlossen, sondern so, als wären sie niemals begonnen worden und als hätte es sie niemals gegeben. Wirklich ist einzig unbegrenztes Bewusstsein, ein Ozean reiner Potentialität. Und selbst diese Definition ist nur eine Annäherung an die Wahrheit.

Ich gebe zu, dass die Formulierung „auf Ebene A herrscht vollkommene Harmonie und beständiger Frieden", zynisch klingen muss, solange Sie das aktuelle Geschehen aus der begrenzten Perspektive von Ebene B bewerten. Sobald Sie sich aber als Bewusstsein realisieren, werden Sie froh und dankbar darüber sein, weil Sie diese vollkommene Harmonie und diesen beständigen Frieden genießen werden.

25 energierelevante Spiele

Jeder von uns weiß aus Erfahrung, dass unser Energielevel von entscheidender Bedeutung für unsere emotionale und körperliche Befindlichkeit ist. Und nicht nur das. Er beeinflusst auch maßgeblich die Qualität unserer Kommunikation und damit unsere sozialen Kontakte. Und wer hat nicht schon erlebt, dass Erfolg und Misserfolg entscheidend abhängig sind von unserer emotionalen Verfassung?

Es wäre nicht zweckdienlich, hier all die vielen Spiele, die Bewusstsein spielt, aufzuführen und darzulegen. Ich beschränke mich daher in der Hauptsache auf die für unseren Energiehaushalt in der virtuellen Realität relevanten Spiele.

Sie sind in jedem Fall im Spiel, unabhängig davon, ob Sie sich dessen bewusst oder nicht bewusst sind. Bleiben Ihnen die Regeln des Spiels unbewusst, muss es Ihnen ähnlich wie einem Spieler ergehen, der sich mit dem Schachspiel nicht auskennt und es zum ersten Mal spielt. Selbst ein nur mäßig kundiger Schachspieler würde ihn schlagen.

Während Sie lesen, werden Sie sich automatisch der Regeln bewusst, die für das kosmische Spiel relevant sind. Es geht überhaupt nicht darum, sich an sie zu halten, weil Sie dies ohne Zweifel tun werden, sobald Ihnen erst einmal bewusst wird, wie dieses virtuelle Spiel, das wir EXISTENZ nennen, optimal funktioniert.

1 Das Ich-tu-so-als-ob-Spiel

Haben Sie Ihre Luftschlösser gebaut?
Fein, das ist genau da, wo sie gebaut werden sollten.
Und nun gehen Sie an die Arbeit,
und setzen Sie das Fundament darunter.

Henry David Thoreau, amerikanischer Schriftsteller
und Philosoph

Alles, was auf Ebene B geschieht, könnte man als das **Ich-tu-so-als-ob-Spiel** bezeichnen. Was Sie erleben – alles, ohne Ausnahme – sind Hypothesen und Simulationen. Real ist einzig Bewusstsein, in dem alles erscheint. Real ist einzig die Energie, die die Erscheinung ermöglicht.

Lassen Sie uns nun einige wenige, jedoch durchaus realistische *Annahmen* betrachten: „Wie wäre es, wenn ich als Peter Müller und Isabella Schneider verliebt auf der Insel Bali am Strand sitzen und einen romantischen Sonnenuntergang erleben würde?" „Wie wäre es, wenn ich mich als Rudolf Berger in die verheiratete Frau Tina Oswald im Hotel ‚Vier Jahreszeiten' in München verlieben würde, um den Rest meines Lebens mit ihr zu verbringen!" „Wie wäre es, wenn ich ein Ölscheich wäre, der sich zu Tode langweilt, weil er sich alle Wünsche erfüllen kann und sich deshalb schließlich eine Kugel in den Kopf jagt!" „Wie wäre es, wenn ich in armseligen Verhältnissen zur Welt kommen und zu einem bekannten Schauspieler würde, dem drei Oskars verliehen werden, um am Ende meines Daseins zu verarmen und allein, sowie vereinsamt zu sterben." „Wie wäre es, wenn ich zu einem spirituell Suchenden würde, um mich schließlich an mich selbst zu erinnern, indem ich einen Autor erfinde, der ein Buch schreibt, mit dessen Inhalt ich meine Amnesie überwinde." „Wie wäre es, wenn ich somit die Existenz nicht mehr als Kampf, sondern als Spiel begreifen würde."

Alles was auf Ebene B geschieht, **geschieht nur so, als ob es geschähe**! Selbst *dass* Sie hier lesen und *was* Sie hier lesen, ist Teil dieser gigantischen Simulation. Real ist einzig Bewusstsein, in welchem alles geschieht. Der Einfallsreichtum auf Ebene B ist dabei, wie die Geschehnisse auf diesem Planeten beweisen, schier unerschöpflich! Denken Sie nur daran, dass nicht einmal ein Gesicht dem anderen aufs Haar gleicht! Kein Baumblatt dem anderen exakt gleicht! Und es werden sogar Spiele im Spiel gespielt. Die nennen wir dann Theateraufführungen und Filme. Gewaltige Summen werden dafür investiert!

Eine BOMBASTISCHE Illusion! Und Bewusstsein ist alles, was ist. Das All existiert nur, damit *Bewusstsein im Spiel* sein kann. Alle 6,5 Milliarden Menschen, alle Tiere, alle Pflanzen, alle Mineralien, alle Atome, jedes Quant, jede Form, jeder Raum zwischen den Formen, alle Konstellationen, alle Situationen, alle Gedanken, alle Gefühle, alle Zeiten und Unzeiten, sowie alle Handlungen und Nicht-Handlungen sind in Wahrheit Bewusstsein im Spiel mit sich selbst! Nur das, was man **Sinnesorgane** nennt – Sehen, Hören Tasten, Schmecken, Riechen – lassen alles so unglaublich **wirklich** erscheinen. Alles ist Bewusstsein auf seinem hypothetischen Trip in und durch eine Welt, die in Wahrheit nicht existiert.

Auf Ebene B **muss** die Simulation ganz wirklich erscheinen. Was wäre beispielsweise ein Konflikt, wenn er uns nicht als wirklicher, sondern nur als simulierter Konflikt erschiene? Ein Krieg wäre völlig unmöglich, wenn die Kriegsparteien ihn nicht als unausweichlich und notwendig empfinden würden. Ehekrisen könnten nicht zu Hass und Scheidung führen, wenn sie als eine von vielen Spielvarianten betrachtet würden. Die Wirtschaftsordnung wäre dahin, wenn Wachstum nicht als absolute Notwendigkeit für wettbewerbsfähige Unternehmen betrachtet würde. Religiöse Organisationen wären nutzlos, wenn man Sündenvergebung nicht als heilsnotwendig und Predigten als Balsam für die Seele betrachten würde. Psychotherapeuten würden arbeitslos, wenn man die Aufarbeitung von Traumata nicht als für die Gesundung der Psyche unentbehrlich erkennen würde. Kreuzzüge hätten niemals stattfinden können, wenn man nicht ernsthaft an eine göttliche Mission geglaubt hätte. Krankenhäuser verlören ihre Existenzberechtigung, wann man Krankheit nicht als lebensbedrohlich empfinden würde. Soziale Arbeit würde sinnlos, wenn man die Schwachen und Kranken nicht als hilfsbedürftig erkennen würde. Die Ehe wäre ihres Sinns beraubt, wenn Männer und Frauen keine magnetische Anziehungskraft nach dem anderen Geschlecht und den Wunsch nach einem harmonischen Familienleben und vielen kleinen, süßen Quälgeistern verspüren würden. Wir könnten diese Aufzählung schier endlos fortsetzen, um zu beweisen, dass alles, was ist, so erscheinen muss, **als wäre es tatsächlich vorhanden**, damit das Spiel funktioniert.

Versuchen Sie sich vorzustellen, welch eine immense Intelligenz und Energie notwendig ist, um ein Täuschungsmanöver dieses Ausmaßes in Szene zu setzen! Stellen Sie sich weiterhin vor, wie viele Desinformationen[1] dazu notwendig sind. Bewusstsein muss schließlich zu glauben vermögen, ein de facto geborenes und sterbliches Menschlein unter vielen anderen Menschlein

---

[1]   Desinformation ist eine Information zum Zweck der Täuschung.
http://de.wikipedia.org/wiki/Desinformation

zu sein, und es muss, damit menschliche Gesellschaft funktioniert, ebenso überzeugt davon sein, dass es, um überleben zu können, um seine Existenz, seine Anerkennung, seine Karriere, ja selbst um sein Vergnügen kämpfen muss.

Wenn Sie dieses Buch lesen, scheint es an der Zeit zu sein, dass Sie dieses geniale Täuschungsmanöver durchschauen, weshalb Sie als Bewusstsein mich und dieses Buch hier erfanden. Denn um es zu durchschauen, müssen Sie die Desinformationen kennen, die zur Täuschung führen. Ich möchte an dieser Stelle betonen, dass die Desinformationen nicht etwa Betrügereien oder gar Lügen, sondern geniale Täuschungsmanöver darstellen, wie sie in einigen Spielen, etwa beim Fußball oder auch dem Königsspiel Schach, legitimerweise angewandt werden.

Es gibt grundsätzlich nur zwei Möglichkeiten für Sie, das Spiel EXISTENZ zu spielen: Unbewusst oder bewusst. Wird es unbewusst gespielt, hat der Spieler den Eindruck, die materielle Welt und deren Regeln seien absolut real und zwingend verbindlich. Er glaubt daran, ein begrenzter Mensch zu sein, der geboren wurde und irgendwann stirbt.

Bewusst gespielt, wird die Welt als virtuelle Spielwelt betrachtet und ihr einziger Sinn besteht darin, in ihr oder mit ihr zu spielen, was natürlich nicht bedeutet, dass man alle Regeln über Bord wirft, schon deshalb nicht, weil das Spiel sonst unspielbar würde.

Wird Ihnen der Spielcharakter der Ereignisse, Erlebnisse und Emotionen auf Ebene B BEWUSST, sind Sie vom ansonsten unvermeidlichen Existenzkampf befreit. *Und zwar ohne etwas zu tun.* Es geht hier, wie bereits zu Anfang erwähnt, nur um Bewusstsein. Handlungen, von denen auch die Rede sein wird, sind ausnahmslos *Ergebnisse einer Korrektur im Bewusstsein.* Es sind folgerichtige Reaktionen, die ebenso automatisch entstehen wie das Fallen eines Baumblattes im Herbst oder das Erblühen eines Krokus im Frühjahr.

Sollten Sie sich nun die Frage stellen, wie es denn möglich sein soll, die Welt tatsächlich als Spielwelt zu durchschauen, gibt es darauf nur eine Antwort: **Sie wissen es bereits**, denn Sie sind Bewusstsein, das hier in Form von Informationen erscheint, aufgrund derer Sie sich jetzt daran erinnern, wer Sie in Wirklichkeit sind.

Die nächsten Kapitel dienen daher nur einem Zweck: Einer **Korrektur im Bewusstsein**.

Sie werden erkennen, auf welche Weise Sie desinformiert wurden und werden. Und Sie werden erkennen, wie enorm das Energiereservoir ist, das Ihnen zur Verfügung steht, sobald die Täuschungen aufgedeckt sind, die bisher verhinderten, das Leben als Spiel zu erkennen und zu erfahren.

Lassen Sie sich Zeit mit der Desillusionierung! Es ist nicht notwendig, jede Täuschung sofort aufzudecken. Die eine oder andere mag Ihnen womöglich längere Zeit gar nicht als Täuschung erscheinen! Zwingen Sie sich zu keiner Erkenntnis! Überlassen Sie es Ihrem Bewusstsein, sich selbst zu erkennen und sich von allen Täuschungen zu befreien.

2 Das Versteckspiel

Leben ist letztendlich ein Spiel des Versteckens und
Suchens und die gute Nachricht ist: Du bist das Spiel.

Alan Watts

Dieses Versteckspiel gilt es zunächst zu begreifen, um
alle weiteren Spiele auf Ebene B als *Bewusstsein im Spiel*
erfassen zu können. Ohne das Versteckspiel verlören
nämlich alle anderen Spiele ausnahmslos ihren Sinn und
würden sogar unspielbar werden.

Das Versteckspiel bedingt, dass Bewusstsein sein
Spiel auf Ebene B zunächst gar *nicht als Spiel* durchschaut.

Aufgrund dieser *Selbstvergessenheit* können über den
Kosmos hinsichtlich seines Ursprungs und dessen
Sinnhaftigkeit nur Vermutungen angestellt und Theorien
aufgestellt werden. Und das wird sich nie ändern.

Der genialste Trick in diesem Versteckspiel besteht
darin, dass sich Bewusstsein auf Ebene B als getrenntes
Individuum unter anderen Lebewesen und materiellen
Formen in einem unfassbar unbegrenzten Kosmos
begreift; als Individuum noch dazu, das geboren wird,

wächst, lernt, kämpft, Glück und Unglück erlebt, altert und stirbt.

Um die Verwirrung perfekt zu machen, müssen die illusorischen Körper auf Ebene B täglich „gewartet" werden. Dazu gehören in erster Linie Speise und Trank, Wetterschutz, Bewegung und genügend Schlaf. Diese scheinbar unausweichliche Bedingung zum Überleben auf Ebene B drängt die Spielfiguren dazu – ob sie es wollen oder nicht – all die Aktivitäten auszuführen, die wir als existenzsichernde Maßnahmen, gesellschaftliches Leben und soziale Beziehungen bezeichnen. Sie werden von Eltern geboren, die in der Regel die ersten Jahre für ihr Überleben sorgen und ihnen aufgrund ihrer Erfahrung beizubringen versuchen, im späteren Leben auf eigenen Füßen zu stehen, also für sich selbst und später ihre Familie sorgen zu können. Daher besuchen und absolvieren Menschen Schulen, lernen, sammeln Wissen, kommunizieren. Das physiologische Bedürfnis nach sexueller Befriedigung und das psychologische Bedürfnis nach Liebe, Sicherheit und Anerkennung sind weitere Faktoren, die es Bewusstsein auf Ebene B nahezu unmöglich machen, sämtliche Erfahrungen lediglich als Teil eines bombastischen Versteckspiels zu durchschauen, mit dem es dafür sorgt, dass es sich nicht als das eine und einzige Bewusstsein zu erkennen vermag, sondern als endliche, agierende und reagierende Einzelwesen.

Weshalb? Nur aus einem einzigen Grund: um seine unzähligen Spiele spielen zu können, und zwar so, als sei das hier eben beschriebene Erleben real. In Wahrheit ist der gesamte Kosmos lediglich die monumentale Kulisse für ein Versteckspiel, in welchem nur Bewusstsein existiert und mit sich selbst „ich-tu-so-als-ob" spielt.

Es gibt also in Wahrheit weder Kosmos noch Planetensysteme, weder Geburt noch Tod, weder Pflanzen noch Tiere, weder Formen noch Farben, weder Entwicklung noch Fortschritt, weder Erfolg noch Misserfolg, weder Gutes noch Böses, weder Individuen noch die Gesellschaft.

Was immer wir auf Ebene B wahrnehmen, ist Teil des bombastischen Versteckspiels, mit dem sich Bewusstsein auf Ebene B eine illusorische Realität vorzugaukeln vermag, die es zwingend benötigt, um überhaupt spielen zu können. Nur deshalb existiert, was wir Welt oder Existenz nennen. Sie verändert aufgrund des fortwährenden Wandels lediglich ihr Gesicht, nicht ihre wahre Bedeutung, die einzig und allein im Spielen besteht.

3 Das Schicksalsschlagspiel

Er (der Mensch) ist sein eigenes Werk vor aller Erkenntnis, und diese kommt bloß hinzu, es zu beleuchten. Darum kann er nicht beschließen, ein solcher oder solcher zu sein, noch kann er ein anderer werden, sondern er [...] erkennt sukzessive, was er ist. Bei jenen will er, was er erkennt, bei mir erkennt er, was er will.

Arthur Schopenhauer, Hauptwerke Band I – Die Welt als Wille und Vorstellung

Der Begriff ‚Spiel' im Kontext mit Schicksalsschlägen mag Ihnen abwegig erscheinen, weshalb ich Ihnen anhand einiger meiner selbst erlebten Dramen den Spielcharakter derselben aufzeigen möchte.

Den ersten erfuhr ich relativ früh – ich war erst neun Jahre alt – beim Tod meiner Großmutter, welcher ich emotional mindestens so verbunden war wie mit meiner Mutter. Der nächste ereignete sich, als mein Vater verunfallte und am gleichen Tag seinen Verletzungen erlag. Das fand nur zwei Jahre später statt. Zu diesem frühen Zeitpunkt begegnete ich zum ersten Mal dem Grund allen Seins, jener unsagbaren Leere, die ich jedoch damals als bodenlosen, dunklen Abgrund empfand.

Wenig später verführte mich ein pädophiler Musiklehrer. Die Sache kam vor Gericht und ich hatte als Elfjähriger detailliert die Handlungen zu schildern, was ich als zusätzliche Tortur empfand. Zwei Jahre später verliebte sich meine Mutter in einen Trinker, der unser beider Leben ins Chaos stürzen sollte. Er war auch die Ursache dafür, dass ich mit fünfzehn Jahren als „schwererziehbarer Jugendlicher" ins Erziehungsheim kam und dasselbe erst mit achtzehn Jahren wieder verließ. Neun von zehn Zöglingen in dieser staatlichen Einrichtung machten eine kriminelle Karriere. Zu jener Zeit (1964-1967) war die Prügelstrafe noch erlaubt, wovon die Erzieher regen Gebrauch machten.

Nichts anderes als all jene sogenannten Schicksalsschläge waren es, die bewirkten, dass ich mir die Frage nach dem Sinn meines Lebens schon relativ früh und ungewöhnlich intensiv stellte. Ohne sie hätte ich sicherlich nicht mit bereits achtzehn Jahren eine tiefgreifende spirituelle Erfahrung gemacht, die mein gesamtes nachfolgendes Leben prägen sollte. Jeder dieser sogenannten Schicksalsschläge, auch jene, die sich später im Leben ereigneten, hatte eine reinigende und in hohem Masse transformatorische Wirkung, weshalb ich auf keinen einzigen verzichten möchte und für jeden einzelnen dankbar bin.

Heute ist mir bewusst, dass ich mir jeden dieser „Schläge" selbst verordnete, bevor ich mit jener Spielfigur, die man Werner nennt, meinen virtuellen Auftritt im Welttheater begann. Ohne dieselben wäre ich sicher nicht in der Lage, Ihnen in diesem Buch zu vermitteln, wer Sie in Wahrheit sind.

Es mag Ihnen im Augenblick noch weithergeholt erscheinen, wenn ich behaupte, dass das Schicksal jedes Menschen in jedem Detail festgelegt ist, bevor er auf der Weltenbühne erscheint. Ebenso wie ein Regisseur seinen Film exakt nach Drehbuch dreht, ist unser aller Rollenspiel im Welttheater geplant. Nichts von dem, was Sie erleben, ist blinder Zufall. Es scheint nur Zufall zu sein, dieser Eindruck ist jedoch ebenso determiniert wie Ihr Gefühl, in Ihren Entscheidungen vollkommen frei zu sein und wählen zu können, was immer Ihnen günstig und vorteilhaft erscheint. Daher gehört alles, was wir erleben, die Freuden und Leiden, zum Spiel auf Ebene B.

Viele interessierte Leser stellen mir die Frage, welchen Sinn es denn machen sollte, ein Leben zu leben, dessen Verlauf und dessen Ende bereits beschlossene Sache sei. Die beste Antwort darauf gab mein spiritueller Lehrer Ramesh Balsekar, weshalb ich sie hier zitiere. Er stellte Suchenden, die ihm diese Frage stellten, folgende zwei Gegenfragen: „Gehen Sie etwa nicht ins Kino, nur weil Sie wissen, dass der Film, den Sie sich ansehen werden, bereits von Anfang bis Ende gedreht ist? Ist er deshalb weniger spannend und sehenswert?"

Bewusstsein überrascht sich mit jedem Ereignis, weil es sich während des Spielablaufs zumeist im Modus völliger Unkenntnis zukünftiger Ereignisse befindet. Nur in wenigen Fällen ahnt oder weiß Bewusstsein während des Spiels den weiteren Verlauf, die meisten Szenen im Drehbuch bleiben bis zu ihrem Erscheinen unbewusst. Auf Ebene A jedoch ist jedes Ereignis bereits geschehen, weil es auf ihr keine Zeit gibt – vergleichbar mit einer DVD mit darauf gespeicherten Filmereignissen, welche ebenfalls zeitlos sind, hingegen beliebig oft in die Zeit gebracht werden können. Zeit, Raum und Kausalität sind ebenso wie jedes Ereignis auf Ebene B Erfindungen von Bewusstsein, um sich im Modus der Unwissenheit erfahren zu können.

Als ich 1993 als Führungskraft im mittleren Management eine betriebsbedingte Kündigung erhielt, geriet ich in Panik, obwohl ich eine satte Abfindung und noch ein halbes Jahr mein volles Gehalt erhielt, sowie darüber hinaus während des gesamten Zeitraums freigestellt war. Da ich zu diesem Zeitpunkt mitnichten wusste, was ich Ihnen in diesem Buch zu vermitteln versuche, konnte ich die ungeheure Energie, die sich in diesem erneuten „Schicksalsschlag" verbarg, weder erkennen, noch verwenden. Erst als sich kurz vor Ablauf des halben

Jahres abzuzeichnen begann, dass ich als selbstständiger Trainer arbeiten könnte, begriff ich dessen Sinn. Ich hatte doch im Inneren meinen Job längst quittiert, nur war ich zu feige gewesen, den Sprung in die Selbständigkeit zu wagen.

Alle Umstände schienen gegen mich zu sein, im Nachhinein fand ich sogar heraus, dass Kollegen entscheidend an meinem sozial abgefederten Rausschmiss mitgewirkt hatten. Ach wie wütend war ich damals auf sie gewesen! Heute ist mir bewusst, dass keiner von ihnen existiert! Es war Bewusstsein, das sich ihrer virtuellen Rolle bediente, um sein Spiel zu spielen, das genau nach Drehbuch verlief. Heute ist mir auch bewusst, dass sich in jedem sogenannten Schicksalsschlag unbedingte Liebe verbirgt, die ebenso wie sie aufbaut, zerstört, was zerstört werden muss, um eine notwendige Wende oder einen Neuanfang zu bewirken. Daher gerate ich nicht mehr in Panik, wenn Göttin Kali[2] erscheint. Ein Verlust, den Sie vordergründig erleben, ist in Wahrheit Gewinn. Natürlich erleben Sie den Gewinn zumeist erst dann, wenn Kali ihr zerstörerisches Werk ausgeführt hat. Aber das muss nicht so bleiben. Wenn Ihnen bewusst ist,

---

[2] **Kali** (Sanskrit, wörtlich „Die Schwarze") ist im Hinduismus die Göttin mit dem Aspekt des Todes und der Zerstörung, aber auch der Erneuerung. Dies beruht auf dem Glauben, dass ohne Zerstörung nichts Neues entstehen kann und dass Leben und Tod eine untrennbare Einheit bilden.
http://de.wikipedia.org/wiki/Kali_(G%C3%B6ttin)

dass Sie die Energie Kalis in pure Lebensenergie umwandeln können – und zwar schon während sie zuschlägt – verkürzen Sie zum einen den Prozess der Zerstörung. Zum anderen sind Sie in der Lage, den günstigen Effekt der Zerstörung – längst bevor er sich materialisiert – klar zu erkennen. Sie werden also, selbst während der Verlust erfahren wird, nicht mehr am Boden zerstört sein. Im Gegenteil: Sie ziehen die enorme Energie, die notwendig ist, um einen Verlust vorzutäuschen, aus dem Vorfall heraus, nehmen ihm dadurch die Schärfe und verwenden die gewonnene Energie schöpferisch-kreativ.

Kürzlich fragte mich ein Besucher, dem ich von einem erst kürzlich erlebten Verlust erzählte: Wie ist es denn möglich, dass dir noch sowas passiert?! – Er ging von der falschen Annahme aus, dass der bewusst gewordene Spieler keine Verluste mehr zu erleben vermag; aber das ist nicht der Fall. Was ihn vom unbewussten Spieler unterscheidet, ist, dass er optimal mit Verlusten umgehen kann: anstatt Energie zu verlieren, bringen sie ihm einen Energiezuwachs, weil ihm bewusst ist, dass ihm die enorme Energie, die notwendig ist, um einen „Verlust" zu simulieren, ebenso als pure Lebensenergie zur Verfügung steht.

4 Das Sinnentdeckungsspiel

Dein Tun ist Bewegung eines Spiels. Schritt eines Tanzes.

Antoine de Saint-Exupéry, Die Stadt in der Wüste – Gesammelte Schriften, Band 2

Jeder Mensch erlebt Situationen, die ihm sinnlos und manchmal auch absurd erscheinen. Oftmals versuchen wir selbst im größten Unsinn einen versteckten Sinn zu erfassen. „Wenn ich nicht zu spät zu diesem Termin gekommen wäre, wer weiß, vielleicht hätte ich einen Unfall gehabt!" „Wenn ich nicht diesen Verlust erfahren hätte, würde ich jetzt nicht wissen, wie ich ihn nächstes Mal vermeiden kann!" „Wenn ich nicht krank geworden wäre, wüsste ich nicht, wie dankbar ich für meine Gesundheit sein kann!"

Kein Zweifel, in ungünstig erscheinenden Situationen versteckt sich manchmal ein Bewahrungs- und immer ein Lerneffekt. Der eigentliche, tiefste Sinn in allem, was wir erleben, ob positiv oder negativ, ist, dass Bewusstsein sein unvergleichlich geniales Spiel spielen kann.

Unbewusst spielend werden Sie das Spiel *Existenz* nicht immer amüsant finden. Je mehr Sie es aber als Spiel durchschauen und daher bewusst „mitspielen", desto amüsanter wird es Ihnen erscheinen und desto effizienter werden Sie es auch spielen können.

Erst wenn Sie mitspielen, anstatt zu kämpfen, werden Sie den Spielcharakter des Lebens entdecken. Ansonsten werden Ihnen viele Ereignisse als sinnlose, nutzlose Zeitverschwendung erscheinen. In Wahrheit gehört alles zum Spiel. Selbst so profane Tätigkeiten wie Fußnägel schneiden, Zähneputzen oder Unkraut jäten. Als professioneller Spieler machen Sie alles mit, was immer es ist, spielerisch jedoch und im Bewusstsein des Spiels. Dann gibt es nichts mehr, was Ihnen sinnlos oder als Zeitverschwendung erscheint.

Ein Autoreifen platzt. Sie müssen auf den ADAC warten oder das Rad selber wechseln. Sie haben Ihre Brille verlegt und müssen Sie suchen. Sie haben im Hotel einen Anzug im Schrank vergessen und müssen 150 Kilometer weit zurückfahren, um ihn zu holen. Auf Ihrer Windschutzscheibe klebt ein Strafzettel wegen unerlaubten Parkens. Man hat Ihnen die Geldbörse mit einem Inhalt von 200 Euro gestohlen. Jemand ist anderer Meinung als Sie und lässt sich nicht von seinem Standpunkt abbringen, obwohl Sie sich sicher sind, im Recht zu sein. Sie haben sich auf einen Urlaub mit viel Sonne gefreut und nun regnet es ständig und der Himmel ist Grau in Grau. Sie verknacksen sich beim Joggen den Knöchel und hinken nach Hause. Sie möchten unbedingt

Sex und Ihr Partner will seinen Roman fertig lesen. Sie haben sich einen neuen Laserdrucker gekauft, aber er funktioniert nicht, obwohl Sie ihn dringend brauchen. Ihr Zug hat fünfzig Minuten Verspätung und Sie stehen frierend auf dem Bahnsteig herum. Sie freuen sich auf einen gemütlichen Abend, und dann sagt Ihnen der Chef kurz vor Feierabend, dass eine bestimmte Arbeit noch heute fertig werden muss.

Als professioneller Spieler stellen Sie sich nicht mehr die Frage: *Warum muss mir das nur passieren?* Sie würdigen vielmehr die Intelligenz, die diese Situationen so täuschend echt inszeniert! Wenn Sie einen Vorfall als sinnlose, nutzlose, zeitfressende Panne bewerten, kann er Sie nur frustrieren.

Was hat ein Fußballspiel, ein Kartenspiel, wegen mir auch das Königsspiel Schach für einen Sinn? Keinen, nicht wahr, außer dass es gespielt wird.

Was hat das Leben für einen Sinn? Ebenfalls keinen – es ist *Bewusstsein im Spiel*. Und wenn Sie es als ein solches durchschauen, können Sie ein neues Spiel spielen; eins, das Spaß macht und Ihnen Energie zuführt, anstatt Ihnen Energie zu entziehen.

Sie erinnern sich nun einfach immer und immer wieder daran, dass jedes Ereignis nichts anderes als *Bewusstsein im Spiel ist*. Egal was es ist, ob schön oder unschön.

Jedes unschöne Ereignis generiert automatisch ein unangenehmes Gefühl. Sind Sie im Spiel, lassen Sie sich nicht von ihm dominieren. Denn genau die Energie, die notwendig ist, um das unangenehme Gefühl zu erzeugen, steht Ihnen als pure Lebensenergie zur Verfügung, wenn Sie sich nicht um das Gefühl selbst, sondern um die Energie kümmern, die sich in ihm verbirgt.

Wenn Sie Menschsein unverkrampft spielen, anstatt der Vorstellung verhaftet zu sein, dass die Ereignisse Ihnen immer angenehme Gefühle vermitteln sollten, oder gar müssen, werden Sie es darin zur Meisterschaft bringen.

Wann sind Sie als Spieler erfolgreich? Wann immer Sie die Herausforderung annehmen und „im Spielmodus bleiben", was praktisch bedeutet: Sie tun das, was Sie tun oder nicht tun, mit hoher Wertschätzung dafür, das virtuelle Spiel „Existenz" überhaupt spielen zu dürfen.

Morgens Kaffee oder Tee zubereiten ist meistens reine Routine, doch wenn Sie es als Routine betrachten, verpassen Sie ein Ereignis in Ihrem Spiel Existenz. Sind die meisten Aktivitäten des Tages nicht Kleinkram und macht daher Kleinkram einen nicht unbeträchtlichen Anteil unserer Lebenszeit aus? Die immer gleichen Tätigkeiten, Tag für Tag, verführen uns leider dazu, sie total unbewusst und wie nebenher zu erledigen. In Gedanken sind wir woanders. Und sehr oft befinden wir uns gedanklich und emotional in inneren Widerständen – nicht wahr? Wir wären gerne auf einer Insel, würden gern was anderes tun, würden uns lieber mit anderen Dingen befassen als damit, womit wir gerade befasst sind. Man kann dieses Spiel natürlich derart routiniert und höchst langweilig spielen, schon weil wir auf Ebene A immer unbegrenztes Bewusstsein bleiben. Auf Ebene B jedoch ist es nicht das Gelbe vom Ei! Die Alternative: **Sie spielen bewusst mit!** Das heißt: Sie sind ganz in dem drin, was sich gerade ereignet. Egal was es ist. Sie trinken selbst einen Schluck Tee mit großem Genuss. Sie räumen Ihren Schreibtisch mit der gleichen Sorgfalt auf, mit der sie einen Raum dekorieren, um Gäste zu empfangen. Sie duschen sich so genussvoll, als würden Sie es das letzte Mal tun. Sie schnüren die Schuhe so, als ginge es dabei um alles! Sie gehen Schritt für Schritt im Bewusstsein, dass Gehen jetzt das Wichtigste ist.

Der Sinn des Lebens ist das Leben selbst, sagte Johann Wolfgang von Goethe. Vollkommen egal, **was** sich gerade ereignet, erhält das WAS seinen Sinn, indem Sie ganz in dem sind, was gerade geschieht. Welch einen Glanz erhält Ihr „grauer Alltag", wenn *Bewusstsein im Spiel* Ihre Lebensrealität ist.

Ihr Leben ist schon perfekt, denn es ist Bewusstsein in seinem SOSEIN. Es ist ausschließlich Ihre Bewertung, die es unvollkommen erscheinen lässt. Sie glauben womöglich, es sei nicht in Ordnung. Sie glauben vielleicht, dass sich Ihr Charakter oder Ihre Umgebung verbessern sollte, oder dass sich Ihr Beruf, Ihre finanzielle Situation, oder das Verhalten Ihrer Mitmenschen positiv verändern sollte. **Diese Bewertung ist Ihr Problem**, nicht das Leben, nicht die Situationen an sich. Sie können das Sinnentdeckungsspiel bis zum St. Nimmerleinstag weiterspielen. Ihr Leben wird dadurch nicht sinnloser werden, als es ohnehin ist! Spielen Sie mit, wird es nicht sinnvoller werden, da es in jedem Fall ein sinnloses Spiel ist, das Bewusstsein auf Ebene B spielt, doch Sie werden nun selbst eine Tätigkeit wie Kartoffelschälen oder Aufräumen subjektiv als zutiefst sinnvoll betrachten und entsprechend wertschätzen.

„Ach klingt das schön! Aber die Praxis sieht doch ganz anders aus. Ich kann gegen meine inneren Widerstände einfach nix machen. Und manche Tätigkeiten finde ich einfach total langweilig. Ich würde ja gerne ganz bewusst leben und alles, was ich mache, sinnvoll finden, aber gelingen will es mir nicht.“

Nun, wenn Sie so oder ähnlich denken sollten, wird es wohl Zeit, uns das *Widerstandsspiel* anzusehen.

5 Das Widerstandsspiel

Nichts wird geboren, nichts wird zerstört. Fort mit Eurem Dualismus, mit euren Vorlieben und Abneigungen. Jedes einzelne Ding ist eben der Eine Geist.

Huang-Po, Der Geist des Zen, John Blofeld (Hrsg.)

Spielentscheidend im Widerstandsspiel ist wiederum, ob Sie sich als kleines Menschlein oder unbegrenztes Bewusstsein wahrnehmen. Als kleines Menschlein haben Sie gar keine andere Wahl als in Widerständen missliche Situationen zu erblicken, auf die man bestens verzichten könnte. Nehmen Sie sich als Bewusstsein wahr, wissen Sie, dass in ihrem Bewusstseinsfeld nur auftauchen kann, was Sie selbst sind. Daher wertschätzen Sie alles, was Sie als schön, wahr und gut erkennen. Situationen oder Menschen, die Widerstand in Ihnen auslösen, wertschätzen Sie auch – jedoch als Energiezugewinnchancen.

Ich muss Ihnen sicherlich nicht beweisen, dass wir im Umgang mit Widerständen auf einen Energiepegel absinken können, der so niedrig ist, dass es uns sogar schwer fällt, den Mund zu öffnen oder den Kopf anzuheben. Widerstände können schon durch die sprichwörtliche Nase, die uns nicht passt, ausgelöst werden. Oftmals bilden sie sich durch menschliches Verhalten, das uns unverständlich erscheint oder unseren Vorstellungen entgegen läuft. Manchmal ist es nur das schlechte Wetter, dann wieder ein Stau unter Termindruck oder eine Rechnung, die wir meinen, nicht bezahlen zu können. Mitunter sind es auch körperliche Beschwerden, denen wir, weil wir sie unbedingt und so schnell wie möglich los haben wollen, widerstehen.

Unsere konditionierte Reaktion auf einen äußeren Widerstand ist innerer Widerstand. Jemand verhält sich uns gegenüber ablehnend und schon spüren wir, wie sich in uns dieselbe Ablehnung breit macht. Würden wir anders als ablehnend reagieren, ließe es auf eine Verhaltensstörung oder pure Unterdrückung schließen. Ist uns jedoch bewusst, dass sowohl der äußere, als auch der innere Widerstand ein Signal zum *Energietanken* ist, kann dieser uns nicht mehr wirklich und vor allem nicht über einen längeren Zeitraum beherrschen oder gar niederdrücken.

Der Widerstand entsteht, wir nehmen ihn wahr, schauen ihm ins Auge und oftmals löst er sich dabei schon auf. Allerdings immer nur dann, wenn uns bewusst ist, dass jeder Widerstand eine goldene Gelegenheit darstellt, die Energie, die den Widerstand erzeugt hat, in pure Lebensenergie zu verwandeln. In diesem Bewusstsein verliert jeder Widerstand meistens sofort seine destruktive Kraft.

Wenn Sie Negativität verdrängen oder über sie hinweg gehen, wird der Widerstand stärker. Wenn Sie in dem Bewusstsein leben, immer nur Ihrer eigenen Energie und damit letztlich nur sich selbst begegnen zu können, werden Sie Negativität als Chance betrachten und als Täuschung durchschauen, so dass sie sich auflöst.

Viele fragen: *Wie soll ich das praktisch machen?* Aber genau hierauf verweigere ich Ihnen die Antwort und halte mich an mein Wort, das ich Ihnen zu Beginn gab: Sie müssen nichts tun, um ein furchtloses, sorgloses Leben zu führen! Es wäre kontraproduktiv, wenn Sie damit beginnen würden, eine Methode zu praktizieren. Entscheidend ist, dass Sie sich daran erinnern: Alles ist Bewusstsein. Dieses Erinnern entsteht letztlich von allein, denn Sie sind ja tatsächlich Bewusstsein und während Sie lesen, erinnern Sie sich mehr und mehr an Ihre wahre Natur.

6 Das Ich-kann-nicht-Spiel

Denn da der Mensch nur die Erscheinung seines Willens ist; so kann nichts verkehrter sein, als, von der Reflexion ausgehend, etwas anderes sein zu wollen, als man ist; denn es ist ein unmittelbarer Widerspruch des Willens mit sich selbst.

Arthur Schopenhauer, Hauptwerke Band I – Die Welt als Wille und Vorstellung

Ich *kann mir nicht vorstellen,* in großer Höhe, wie jene Indianer, die in den USA zum Bau von Wolkenkratzern eingesetzt wurden, über teilweise nur 20 cm breite Stahlträger zu laufen! Ein Wörtchen in diesem langen Satz stimmt nicht. Es ist das Wort KANN. Würde ich sagen: Ich WILL mir das nicht vorstellen, läge ich richtig.

Was ich nicht kann, will ich nicht!

Das trifft übrigens auch für Dinge zu, die man wirklich nicht kann, zumindest als Mensch, beispielsweise Fliegen. Sie wollen (als Mensch) nicht fliegen, denn dass Sie es können, beweist sich an Vögeln.

Merken Sie, worauf ich hinaus will? Sie sind weder Mensch noch Vogel, sondern das, was Menschen und Vögel kreiert: Bewusstsein. Und wenn Sie sich als das sehen, was Sie wirklich sind, werden Sie nicht mehr sagen können: Ich KANN nicht! Sie werden vielmehr erkennen: Ich WILL nicht! Zumindest solange nicht, solange das, von dem Sie meinen, Sie könnten es nicht, nicht im Erlebniskosmos erscheint. Womöglich ist Ihnen gar nicht bewusst, was Sie wollen. Sehen Sie sich Ihre Lebensumstände an, dann wissen Sie es, denn sie spiegeln exakt den Inhalt Ihres Bewusstseins.

Sie tragen den Wunsch in sich, mit irgendeiner unangenehmen Situation oder Emotion fertig zu werden? Wunsch ist kein Wille. Wunsch ist wie Punsch: Er benebelt!

Wille beweist sich zunächst in Absicht, und Absicht formuliert sich folgendermaßen: Das und das will ich! Gleichzeitig jedoch wird das, was gerade ist, akzeptiert. Ohne dass akzeptiert wird, was ist, ja ohne dass wertgeschätzt wird, was sich gerade ereignet, ist Ihnen nicht bewusst, dass immer nur das geschieht, was Sie wollen. Und solange Ihnen nicht bewusst ist, was Sie wirklich wollen, sind Sie gezwungenermaßen energetisch blockiert.

Nun, Sie mögen vielleicht sagen: Aber ich will doch diese Situation überhaupt nicht! Und ich antworte darauf:

Hören Sie auf, sich selbst zu belügen! Sie **wollen** genau jene Situation, welche Sie erleben, sonst wäre sie nicht vorhanden. Sie als Bewusstsein, Sie als höchste Realität, haben sich jede Situation, die Sie erleben, erschaffen. Jetzt, wo sie erfahren, wie frustrierend sie sich anfühlt, möchten Sie natürlich von ihr befreit sein. Aber wenn Sie behaupten, Sie hätten das, was Sie erfahren, nicht gewollt, widerspreche ich Ihnen vehement. Nichts kann in Ihren Erlebniskosmos eindringen, was Sie nicht wollen!

Ihr Gehirn ist ein Superrechner. Weit genialer, komplexer und schneller als jeder von Menschen erfundene Rechner. Sie mögen glauben, dass Ihre Situation in mancher oder vieler Hinsicht nicht dem entspricht, was Sie wollen. Ihr innerer Superrechner jedoch hat das, was Sie *wirklich* wollen, verwirklicht und dabei sämtliche Faktoren einbezogen, auch solche, deren Relevanz Ihnen überhaupt nicht bewusst ist.

Übernehmen Sie die volle Verantwortung für Ihre Taten und Ihr Erleben, jedoch ohne sich dafür schuldig zu fühlen, denn es war das Beste, was Sie zu dem Zeitpunkt, an dem Sie es wollten, *wollen konnten*! Sich dessen bewusst, hören Sie automatisch sofort damit auf, das, was Sie erleben, Gott, dem Teufel, dem Schicksal, Naturgewalten, Ihrem Charakter, dem Ego, den Eltern, dem Vergewaltiger oder anderen Menschen in die Schuhe zu schieben. Wer es dennoch tut, bleibt einer Täuschung verhaftet, und dieses Spiel können Sie nur verlieren, denn diese Täuschung bindet nahezu Ihre ganze Lebensenergie.

Nur Sie existieren. Außer Ihnen gibt's niemand. Alles wurde von Ihnen erfunden. Alles wurde von Ihnen kreiert für Ihr spezielles Spiel, das Sie als Bewusstsein spielen wollen.

Mag sein, dass Sie sich verirrten. Aber selbst das haben Sie so gewollt. Wer sonst sollte es gewollt haben, wo doch nur Sie existieren?

Veränderung kann sich nur ereignen, wenn ich akzeptiere, dass das, was im Moment ist, das ist, was ich jetzt wirklich will! Erst dann klärt sich das aus Wunsch und Zweifeln bestehende Mischmasch auf und Absichten/Gegenabsichten verwandeln sich in energiegeladenen Willen.

7 Das Spiegelungs-Spiel

In diesem Spiegelkabinett siehst Du eine Menge Dinge.
Reibe Dir die Augen! Nur Du allein bist da.

Rumi, Das Lied der Liebe

Wie reagieren Sie, wenn Ihnen zu Ohren kommt, dass jemand übel über Sie redet? Vielleicht sogar jemand, den Sie gut kennen oder dem Sie freundschaftlich verbunden sind?

Sehr wahrscheinlich ist wohl, dass Sie entweder in Rage geraten oder sehr traurig werden. Vielleicht greifen Sie sofort zum Telefon und stellen den Verleumder zur Rede. Als zurückhaltender Mensch scheuen Sie davor höchstwahrscheinlich zurück, können aber die folgende Nacht kaum oder gar nicht schlafen.

Wie auch immer Sie reagieren, in jedem Fall ist so eine Situation meistens mit hohem Energieverlust verbunden, nicht wahr? Und das wird so bleiben, solange Sie glauben, dass außer Ihnen irgendjemand sonst existiert. Natürlich ist hier wiederum nicht Ihre Person gemeint, sondern Sie als Bewusstsein, in dem alle Personen, einschließlich Ihre eigene, erscheinen.

Wenn jemand in Ihrem Erlebniskosmos erscheinen kann, der sich missbilligend über Sie äußert, können Sie sicher sein, dass diese abträgliche Meinung in Ihnen selbst existiert. Sie mögen sich dessen nicht bewusst sein, Sie mögen sogar vom Gegenteil überzeugt sein, aber das ist eine Täuschung, denn, wie bereits erwähnt, ist Ihr Erlebniskosmos ein exakter Spiegel dessen, was Sie selbst denken, glauben und fühlen.

Der Mensch, der Sie verleumdet oder übel über Sie redet, existiert ebenso wenig wie Ihre Person, denn es gibt nur Bewusstsein. Daher ist es Bewusstsein, das Sie auf einen Bewusstseinsinhalt aufmerksam macht, indem es sich wie in einem Spiegel in der sogenannten Außenwelt manifestiert.

Freilich gilt dieses Prinzip nicht allein für Verleumder. Es gilt letztlich für *jede* Erscheinung in Ihrem Erlebniskosmos. Es ist völlig unmöglich, dass Ihnen „jemand" Schaden zufügt. Sollte sich ein Schaden ereignen, ist er immer ein Spiegel für etwas, worin Sie sich selbst übel wollen. Es kommt daher entscheidend darauf an, wie Sie darauf reagieren.

Ablehnung intensiviert, Annehmen löst auf.

Annehmen ist jedoch keine Aktivität, sondern Ergebnis des Bewusstseins, dass außer mir selbst niemand und nichts existiert. Wie sollte ich traurig oder wütend bleiben können, wenn ich klar sehe, dass ich die Erscheinungen in meiner Erlebniswelt selbst produziere?

Sollte ich belastende Emotionen erfahren, müssen Sie keineswegs zu Energiefressern werden. Allerdings wird dies nur dann der Fall sein, wenn ich sie als Energiequellen sehe. Denn hinter jeder Erscheinung – und sei es ein Monster – verbirgt sich pure Lebensenergie, die sich lediglich zu einem Monster aufgebläht hat. Bewusstsein kann wie eine Nadel wirken, die es zum Zerplatzen bringt. So wandelt sich jede energetische Form in formlose Energie. Wie bei einem Luftballon. Stechen Sie rein, bleibt nur die Luft, die ihn aufgebläht hat, die Form ist perdü.

Wenn Sie sich den Magen verdorben haben, reagiert dieser mit Übelkeit und reizt Sie zum Erbrechen. Das ist nicht angenehm, aber ein natürliches Mittel zur Wiederherstellung Ihres ursprünglichen Zustands. Genauso verhält es sich mit unangenehmen Emotionen. Anstatt sie zu ignorieren, verleugnen oder zu verdrängen, stellen Sie sich denselben. Es mag eine dem Erbrechen ähnliche Erfahrung sein, aber anschließend sind Sie befreit und Ihre Energie kehrt zurück.

8 Das Schuld-und-Sühne-Spiel

Man hat eine zweite Heimat, in der alles, was man tut, unschuldig ist.

Robert Musil, Der Mann ohne Eigenschaften − Roman/I. Erstes und zweites Buch

Schuld und Sühne ist der Stoff vieler, wenn nicht der meisten Dramen. Es gibt kaum einen Roman oder ein Drehbuch, in dem Schuld und Sühne überhaupt keine Rolle spielen.

Das Leben selbst schreibt die Dramen. Und verfilmt kann ich mir kaum spannendere Geschichten vorstellen. Werden Sie allerdings selbst erlebt, sind sie vor allem frustrierend. Dabei sind Schuldgefühle so unnötig wie ein Kropf, weil die handelnde Person Illusion ist. Sie ist in Wahrheit wirklich nicht mehr als eine Roman- oder Filmfigur. Sie entsteht im Bewusstsein und da sie Bewusstsein ist, haben Sie mit der Figur, auf deren Namen Sie reagieren, wenn er ausgesprochen wird, nur insofern zu tun, als dass die Figur im Bewusstsein erscheint.

Überprüfen Sie doch einmal Ihre getroffenen Entscheidungen. Können Sie im Nachhinein wirklich sagen:

Ich habe mich ganz bewusst zu dieser Handlung entschlossen? Im Nachhinein wie gesagt – denn vor einer Entscheidung haben Sie immer das Empfinden, sich für eine unter verschiedenen Alternativen entscheiden zu können. Anschließend jedoch wird es Ihnen äußerst schwer fallen die Behauptung aufrechtzuerhalten, sich selbst zu einer Handlung entschlossen zu haben.

Testen Sie meine Behauptung mit einem einfach durchführbaren Experiment. Öffnen Sie beide Hände mit den Handflächen nach oben und sehen Sie sich dieselben abwechselnd an. Anschließend treffen Sie bitte ganz bewusst die Entscheidung, welche der beiden Hände sich zu einer Faust schließen soll. Sobald Sie sich darüber im Klaren sind, schließen Sie diese Hand zur Faust.

Und nun überprüfen Sie bitte, wie es zu der Entscheidung kam. Können Sie wirklich sagen: Ich habe mich für das Schließen der ausgewählten Hand entschieden? Oder war es nicht vielmehr so, dass in Ihrem Inneren ein Entscheidungsprozess ablief, der mit einem Impuls und dem darauf folgenden spontanen Schließen einer der beiden Hände endete? Sie mögen freilich bei der gängigen Formulierung bleiben und sagen: Ich habe das entschieden! Aber die Fakten liegen nicht auf Ihrer Seite. Das Ich, unter dem wir einen eigenständigen Denker, Entscheider und Täter verstehen, erweist sich bei genauer Untersuchung als Illusion. Eine Illusion freilich, die keineswegs unnötig ist, denn das alltägliche Leben funktioniert nur, wenn ich glauben kann, mich absolut frei entscheiden zu können. Schuldgefühle jedoch werden irrelevant, wenn mir bewusst ist, dass ich in Wahrheit nicht entscheide und nicht handle.

Ist der Entscheider Illusion, kann ich auch andere Menschen nicht für ihr Handeln anklagen. Was sie tun, mag mir nicht zusagen oder gefallen. Ich mag betroffen sein und meine Betroffenheit womöglich zum Ausdruck bringen Schuldzuweisen aber kann ich nun nicht mehr.

Auch hierbei handelt es sich nicht um ein Tun, sondern nur um Bewusstsein. Ohne das Bewusstsein, dass es nur Taten gibt, keinen Täter, wird es Ihnen nur in den wenigsten Fällen gelingen, sich selbst und andere nicht anzuklagen. Und selbst wenn es Ihnen äußerlich gelingen sollte, wird die Schuldzuweisung in Ihnen rumoren. Sollte Ihnen jedoch klar werden können, dass die Person tatsächlich nicht entscheidet und handelt, sind Sie von Selbstanklage und Schuldzuweisung nicht nur befreit – Sie sind unfähig dazu.

Wie viel Zeit und Kraft wird mit Selbstanklage und Schuldzuweisung und den entsprechenden Emotionen sinnlos vertan? Vermögen Sie sich vorzustellen, welch ein ungeheures Energiepotential Ihnen ohne diese beiden Energieräuber zur Verfügung steht? Eine Psychotherapeutin gestand mir einmal: „Wenn die Menschen von

Schuldgefühlen und Schuldzuweisungen befreit wären, könnten wir unsere Praxen schließen."

9 Das Spiel mit der Angst

Die Angst ist verschwunden, wenn Sie ihr Ihre volle Aufmerksamkeit gewidmet haben.

J. Krishnamurti, Vollkommene Freiheit

Ich unterscheide zwischen existentieller und hypothetischer Angst. Angst ist existentiell, wenn Sie eine aktuelle, also eine reale Gefahr für Leib und Leben wahrnehmen. In so einer Situation ist Angst oft notwendig, um uns entweder auf Flucht oder andere Schutzmaßnahmen einzustellen. Spätestens wenn die Gefahr vorüber ist, verlässt uns diese Form der Angst.

Hypothetisch ist Angst, wenn sie durch Gedanken an *mögliche* Gefahren und Verluste ausgelöst wird. Sie sind gar nicht am Ende, aber Sie fühlen sich so. Man hat Ihnen den Job nicht gekündigt, aber Sie geraten in Panik, wenn Sie nur daran denken, man könnte es tun. Sie haben keinen bösartigen Tumor, werden aber von dem Gedanken geplagt, Ihr Kopfschmerz werde von einem solchen ausgelöst. Ihr Partner liebt Sie, aber Sie werden den Eindruck nicht los, dass er fremdgeht und Sie bald verlässt und das jagt Ihnen Angst ein.

Hypothetische Ängste sind gewaltige Täuschungsmanöver, die einen hohen Energieaufwand notwendig machen. Die Investition ist mindestens so hoch, wie die Kosten einer Hollywood-Produktion. Diese Behauptung ist verifizierbar. Es gibt Menschen, die sich nicht vor die Haustür wagen, obwohl sie außer Haus nicht die geringste Bedrohung erwartet. Vermögen Sie sich vorzustellen, wie massiv die Täuschung sein muss, welche ein Gehirn zu dem Glauben einer nicht vorhandenen Bedrohung verführt und oft jahrelang im Haus festhält?

Diese machtvolle Energie steht Ihnen für höchst kreative und effiziente Projekte zur Verfügung, wenn sich die Angst in ihre Grundenergie auflösen lässt.

Wie werden Menschen von hypothetischen Ängsten befreit? Sie müssen sich wiederholt mit Ihrer Angst konfrontieren, um zu erfahren, dass sie keinerlei Relevanz hat. Anschließend ist ihr Bewusstsein geklärt, bzw. korrigiert. Johann Wolfgang von Goethe überwand seine Höhenangst, indem er immer wieder Türme und hohe Berge bestieg.

Wenn Sie *einmal* erlebten, dass eine bestimmte Form hypothetischer Angst tatsächlich auf Täuschung beruht, dient diese Erfahrung sozusagen als Referenz, und Sie können nun Angst auch in anderer Form als Täuschung entlarven. In welcher Form sie auch immer nun in Ihrem Erlebniskosmos erscheint, jetzt ist Ihnen bewusst, wie Sie

sie nutzen, anstatt von ihr benutzt oder gar ausgenutzt zu werden.

Wird Ihnen die höchste Einsicht zuteil, Bewusstsein zu sein, nicht (nur) die Person, die im Erlebniskosmos erscheint, erhält Angst eine völlig andere Bedeutung. Jetzt durchschauen Sie jede Form hypothetischer Angst als einen Hinweis auf Ebene B, um zu erkennen, dass Ihre Sicht für die Wirklichkeit im Moment nicht glasklar, bzw. nicht hoch aufgelöst ist. Und so wird die Angst zu einer Art Scheibenwischer, um Ihr Bewusstsein auf Ebene B zu klären.

Wie sollten Sie nun noch in der Angst stecken bleiben? Sobald Ihnen bewusst ist: „Ich kann in allem nur mir selbst begegnen, weil außer mir niemand und nichts existiert!" löst sie sich auf, weil sie ihren alleinigen Ursprung in der Unbewusstheit der Wirklichkeit hat.

10 Das Kampf-ums-Geld-Spiel

Reich ist, wer weiß, dass er genug hat.

Laotse

Insbesondere bei diesem Spiel werden Sie praktisch erfahren, dass Sie ein vollkommen neues Spiel spielen, sobald Ihnen klar ist, dass Sie nur Bewusstsein sein können.

Vorher ist es stets ein Kampf. Egal ob Sie arm wie eine Kirchenmaus, wohlhabend oder so reich wie Bill Gates sind. Sind Sie mittellos, kämpfen Sie darum, zu (mehr) Geld zu kommen, sind Sie wohlhabend oder reich, kämpfen Sie darum, es behalten zu können und/oder noch mehr Kohle zu machen.

Sehen Sie klar: *Ich bin Bewusstsein*, ist es für Sie überhaupt keine Frage, dass Ihnen nicht nur gehört, was Ihr Kontostand gerade aufweist. Sie brauchen nun nicht mehr die Bewegungen Ihres Kontos zu beobachten, weil Sie wissen, dass Geld ebenso wie Sie selbst als die Person, die es vermisst oder besitzt, aus der Quelle all dessen fließt, was erscheint. Geld kommt also nicht von Ihren Kunden, Ihrem Arbeitgeber, Ihrer Rente, den

Zinsen Ihres Vermögens, einem Lottogewinn oder aus einem Erbe. So wie alles in Ihrem Erlebniskosmos, ist Geld Bewusstsein und entspringt allein dem Bewusstsein.

Mir gehört nichts und alles zugleich. Nichts gehört mir, weil ich nicht bin was erscheint. Alles gehört mir, weil ich bin, worin es erscheint. Ich bin wie die Leinwand für einen Film. Gehört etwa der Leinwand nicht alles, was auf ihr erscheint? Und gehört ihr nicht gleichzeitig nichts, da sie ja nur reflektiert, was erscheint?

Ich kenne einen Multimillionär, der in manch einer Nacht schweißgebadet erwacht, weil er träumt, all sein Geld und seinen materiellen Besitz verloren zu haben und diese Angst ist auch tagsüber der Motor vieler, wenn nicht gar der meisten seiner Aktivitäten.

Ruhig schlafen zu können, ist wahrlich nicht das Privileg der Reichen. Es ist jedoch auch nicht das Vorrecht der Armen. Es ist der Status der Desillusionierten.

Wie kommen Sie nun raus aus dem Kampf-ums-Geld-Spiel?

1. Sie sind sich dessen bewusst, Bewusstsein zu sein und damit die Quelle all dessen, was in Ihrem Erlebniskosmos erscheint.

2. Im Ergebnis nehmen Sie sowohl die Angst vor Verlust als auch das ungute Gefühl zu wenig Geld zu besitzen AN, anstatt es zu verdrängen.

3. Sollten Sie das (zu Beginn) nicht können, nehmen Sie Ihr Nicht-Können an, weil es das ist, was gerade im Bewusstsein erscheint.

4. Sie verdrängen unangenehme Gefühle oder Angst nicht mehr mit Affirmationen: *Mir geht es gut, ich bin reich, Geld fließt mir zu, etc..* Denn täten Sie dies, würden Sie in Wahrheit behaupten, dass es Ihnen fehlt! Ein wohlhabender Mensch muss sich doch nicht andauernd einreden, er sei wohlhabend, oder?

5. Sie betrachten das ungute Gefühl, zu wenig Geld zu besitzen oder die Angst vor Verlust, als ein Tor, um sich selbst als pure Lebensenergie zu realisieren, die allen Erscheinungen, den guten und schlechten, zugrunde liegt. Durchschreiten Sie dieses Tor, anstatt vor ihm wegzulaufen oder es zu umgehen.

6. Es ist jedoch ein torloses Tor, denn wenn Sie es tatsächlich durchschreiten, lösen sich diese Emotionen auf und Sie erfahren, wie das ungute Gefühl und/oder die Angst vor Verlust durch vitale Lebensenergie ersetzt wird. Und es scheint dann so zu sein, als hätten Sie der bombastischen Täuschung, arm zu sein oder verarmen zu können, exakt jene Energie entzogen, die

notwendig war, um diese Täuschung erscheinen zu lassen.

7. In der Folge erleben Sie, wie Ihr korrigiertes Bewusstsein Ihren Erlebniskosmos neu arrangiert, denn er ist der exakte Spiegel Ihres Bewusstseins, ja, er ist Bewusstsein in seinem Ausdruck.

Ich habe jede Menge Erfahrungen mit dem Kampf-ums-Geld-Spiel gesammelt, um Ihnen *garantieren* zu können, dass der Kampf ums Geld *100%ig vorbei ist*, wenn Sie das torlose Tor tatsächlich zu durchschreiten vermögen. Insbesondere zu Beginn ist es nicht so, dass niemals mehr Angst auftauchen könnte, wenn Sie glauben eine Rechnung nicht bezahlen zu können. Und natürlich können auch unangenehme Gefühle auftauchen, wenn Sie meinen, sich ein bestimmtes Gut nicht kaufen zu können. Da Sie nun aber wissen, wie Sie dieses Spiel so spielen können, dass Geldvermehrung oder Geldbewahrung praktisch *keine Rolle mehr spielt*, werden sich weder Angst noch ungute Gefühle zu *halten* vermögen. Im Gegenteil: Sie können sie jetzt sogar nutzen, um die Energie PUR zu erfahren, die Sie zuvor in dieses bombastische Täuschungsspiel steckten, arm zu sein oder verarmen zu können.

Stellen Sie sich nur einmal vor, welch eine enorme Intelligenz und Energie notwendig war, um Sie davon zu überzeugen, dass es Ihnen an Geld mangelt, dass Sie schuften müssen, um mehr Geld zu besitzen und/oder dass Sie sehr klug mit ihm umgehen müssen, um es halten, bzw. vermehren zu können. Nun, da Sie wissen, dass der Ursprung des Geldes, ja, dass das Geld selbst so wie alles andere, Bewusstsein ist, fließt die gesamte Intelligenz und Energie, die Sie brauchten, um diese Täuschung zu erzeugen und aufrecht zu erhalten, an Sie zurück. Und Sie müssen nichts dafür tun!

11 Das Spiel mit der Unwissenheit

Weder Erkenntnis noch Unwissenheit ist real; was jenseits von beiden liegt, genauso wie jenseits aller Gegensatzpaare, das ist die Wirklichkeit.

Ramana Maharshi, In: Große Meister Indiens, Jyotishman Dam (Hrsg.)

Wissen Sie immer, was Sie tun sollen, wie Sie sich entscheiden sollen, was mit Ihnen oder Anderen gerade los ist, warum dies und jenes geschieht oder nicht geschieht? Dann wären Sie die absolute Ausnahme. Auf Ebene B wird es niemals einen Zeitpunkt geben, an dem Sie den vollen Durchblick besitzen. Selbst der weiseste Mensch handelt nicht immer weise. Selbst der weiseste Mensch weiß nicht immer, warum etwas so ist, wie es ist. Und der größte Tor kann in bestimmten Momenten weiser als berühmte Weise handeln.

Es würde überhaupt keinen Spaß machen, immer alles zu wissen. Der Prozess von der Unwissenheit zum Wissen ist es, der Bewusstsein reizt. Deswegen kommen wir als Babys zur Welt. Vollkommen unwissend. Alles muss immer wieder aufs Neue erlernt werden. Selbst das Essen und Trinken, das Laufen.

Weil Bewusstsein gern den Prozess von der Unwissenheit zum Wissen, von der Torheit zur Weisheit erfährt, hört Lernen, egal wie alt wir sind, niemals auf. Bewusstsein liebt es, sich zu entwickeln. Nicht weil es sich entwickeln müsste, sondern weil's Spaß macht, sich zu entwickeln. Nur aus diesem Grund gibt's Situationen der Unwissenheit und die Stimme der Weisheit in Ihnen, an die Sie sich immer wieder wenden können, um weise zu handeln. Selbst Jesus musste das tun. „Der Sohn kann nichts von sich selbst aus tun, sondern tut nur, was er den Vater tun sieht."

Solange Bewusstsein sich als Mensch erfährt, scheint es ein Wesen namens „Weisheit" zu geben, von dem Sie als Person getrennt sind, obgleich in Wahrheit nur eine einzige Bewusstheit existiert. Ebenso verhält es sich mit den „vielen" Personen. Es gibt sie in Wahrheit nicht, aber ohne sie könnte Bewusstsein nicht im Spiel sein.

Aller Fortschritt in dieser Welt hat seine Ursache in der Unwissenheit, die nach Wissen strebt. Ohne sie hätte Thomas Edison die Glühbirne niemals erfunden. Noch nicht einmal das Rad wäre erfunden worden. Der unstete Jäger und Sammler der Urzeit wäre niemals zum sesshaften Ackerbauern geworden. Kein Unternehmen wäre jemals gegründet und weiterentwickelt worden. Unsere gesamte Zivilisation haben wir diesem speziellen Spiel zu verdanken.

Sie *müssen* nicht wissend oder weise werden, denn als Bewusstsein auf Ebene A sind Sie allumfassendes Wissen und höchste Weisheit. Sie werden daher durch mehr Wissen oder Weisheit nichts anderes sein können als das, was Sie schon sind. Was immer Sie in Erfahrung bringen, ist auf Ebene A schon in Erfahrung gebracht. Wenn Sie also etwas wissen, was Sie vorher nicht wussten, bedeutet das lediglich, dass Sie das, was auf Ebene A schon gewusst wird, auf Ebene B „in Erfahrung" bringen. Ist das nicht genial? Bewusstsein erfährt sich unwissend, um „in Erfahrung" zu bringen, was es schon weiß!

So läuft das Spiel auf Ebene B. Und wenn Ihnen das bewusst ist, wird Wissensvermehrung und Entwicklung keine Notwendigkeit mehr darstellen, der Sie notgedrungen zustimmen müssen, sondern zu einem höchst interessanten Spiel, dem Sie sich nicht zu verweigern vermögen.

12 Das Spiel mit der Intelligenz

Torheit ist Intelligenz in Form einer besonders intelligenten Begrenzung. Um intellektuell zu erscheinen, bedarf es keines besonderen Engagements für Bewusstsein.

Werner Ablass

Was ist Intelligenz? Auffassungsgabe? Logik? Urteilsvermögen? Kreativität? – Keine Frage, so verstehen wir Intelligenz auf Ebene B.

Ist Dummheit nicht vorhandene Intelligenz? Oder schwach ausgeprägte Intelligenz? Auf Ebene B sicher. In Wahrheit jedoch ist jede Ausprägung von Intelligenz, ob gering oder in hohem Ausmaß vorhanden, eine bestimmte Form der Begrenzung.

Unbegrenzt intelligent ist nur das eine Bewusstsein auf Ebene A. Sobald es sich auf Ebene B manifestiert und in Formen erscheint, ist seine Intelligenz begrenzt. Sie muss begrenzt sein, sonst könnte die Welt der Materie und ihr zugrunde liegend die Dualität, überhaupt nicht erscheinen.

Mittlerweile ist man sich darüber im Klaren, dass es verschiedene Arten von Intelligenz gibt. Emotionale

Intelligenz beispielsweise, das ist der kompetente Umgang mit den eigenen Gefühlen und denen anderer Menschen. Von Erfolgsintelligenz spricht man bei Menschen, wenn rationale und emotionale Intelligenz optimal zusammenwirken.

Ein junger Mann, den ich gut kenne, scheint weder rationale, noch emotionale, noch soziale, noch kreative Intelligenz zu besitzen. Er interessiert sich für nichts und hat keine erkennbaren Fähigkeiten. Am liebsten sitzt er vor der Glotze und sieht sich Actionfilme an. Er hat einen schlechten Hauptschulabschluss, keine Lehre und jeden Job als Hilfsarbeiter nach kurzer Zeit abgebrochen. Er ist zwar ein netter Kerl, tut niemanden etwas zu leide und nimmt keine Drogen, ist aber ohne fremde Hilfe kaum lebensfähig. Man kann nicht lange mit ihm reden, weil es kein Thema gibt, das ihn wirklich interessiert. Also von Intelligenz keine Spur? Falsch! Ich behaupte: In ihm kommt die Intelligenz von Bewusstsein ganz besonders genial zum Ausdruck. Stellen Sie sich nur einmal vor, wie intelligent jemand sein muss, dem es gelingt, sich in seinen immensen Fähigkeiten dermaßen vor sich selbst zu verbergen, dass keine oder kaum eine von ihnen wahrgenommen werden kann!

Bewundern wir nicht solche Menschen, die uns, obwohl hochintelligent und gebildet, kaum auffallen und kaum etwas von sich geben, außer sie werden gefragt?

„Waaaas? Das ist Prof. Dr. Dr. Dr. Soundso? Kaum zu glauben! Hinter dem bescheidenen, unauffälligen Menschen hätte ich niemals ein Genie oder einen Nobelpreisträger vermutet!"

Dem in seiner Intelligenz unbegrenzten Bewusstsein gefällt es offenbar, in manchen seiner Spielfiguren weniger als nichts zu gelten. Als Tor, Tölpel, Idiot.

Mit dieser Sichtweise beurteilen Sie Menschen nicht mehr nach ihrem äußeren Erscheinungsbild und gesellschaftlich relevanten Kriterien. Denken Sie nur einmal daran, wie viel Energie mit der negativen Bewertung von Menschen verschwendet wird, deren Motive oder deren Erscheinungsbild uns unverständlich erscheinen. Intelligenz ist nicht das, was wir unter diesem Begriff verstehen. Es gibt keinen Menschen, der nicht intelligent ist. Und in denjenigen, die am wenigsten intelligent zu sein scheinen, verbirgt sich Bewusstsein am intelligentesten.

Meinen Sie ernsthaft, es sei ein Problem für Bewusstsein, sich so intelligent wie in Albert Einstein zum Ausdruck zu bringen? Mitnichten! Der Grad an Begrenzung, der für Albert Einstein, Alan Watts, Ken Wilber oder Jiddu Krishnamurti notwendig war, ist verhältnismäßig minimal. Vielmehr Genialität ist erforderlich, um sich als eine Spielfigur zu manifestieren, die wir in unserer Unkenntnis als Tölpel oder Dummkopf bezeichnen. Wie geschickt muss sich Bewusstsein vor sich selbst verbergen, um als Narr oder Nichtsnutz durchzugehen?

Sie werden Menschen nicht mehr mit den Maßstäben der Gesellschaft beurteilen. Sie werden den Tölpel aber gleichzeitig auch nicht mehr bemitleiden können, weil er ebenso, wie alle anderen Spielfiguren, zur Manifestation von Bewusstsein auf Ebene B gehört. Bewusstsein gefällt es, auf der Weltbühne als tölpelhaft zu erscheinen. Ebenso wie es ihm Freude bereitet, als Albert Einstein die Relativitätstheorie aufzustellen und den Nobelpreis in Empfang zu nehmen.

Es gibt nur eine Intelligenz, die sich auf verschiedenste Art und Weise manifestiert. – Keine Frage: Es gibt törichte Menschen! Doch in Wahrheit sind sie Bewusstsein in einer besonders intelligenten Begrenzung. Ohne Unterschied sind wir alle Bewusstsein!

13   Das Schmerz-Freude-Spiel

Im Schmerz ist so viel Weisheit wie in der Lust: er gehört gleich dieser zu den arterhaltenden Kräften ersten Ranges.

Friedrich Nietzsche, Werke II – Die fröhliche Wissenschaft

Wie jeder andere Mensch kenne ich physischen und psychischen Schmerz. Das Leben ist insbesondere bezüglich psychischen Schmerzes nicht zimperlich mit mir umgegangen. Gerade weil ich so manche Leidensgeschichte erlebte, entstand natürlich die Frage, die sich viele Menschen stellen: „Mein Gott, warum muss es gerade **mir** so fürchterlich dreckig gehen?"

Auf Ebene A geht's uns nie dreckig, und das ist **ein** Grund dafür, dass Ebene B existiert. Bewusstsein bringt in Erfahrung, wie es sich anfühlt, wenn's ihm dreckig gehen würde. Hinzu kommt: Würde es uns nie dreckig gehen, könnte es uns selbst auf Ebene B nie richtig gut gehen. Ohne Finsternis würden wir weder wissen, noch zu schätzen wissen, was Licht ist. Und mit der Freude verhält es sich nicht anders. Ohne Schmerz wüssten wir nicht, was Freude ist und sie würde uns auch nichts bedeuten.

Dass Schmerz sozusagen ein Kontrastmittel ist, entdeckte ich als die eine Seite der Wahrheit. Die andere sollte ich erst nach etlichen schmerzhaften Ereignissen finden.

Wenn Sie einen PC besitzen, kennen Sie sicher Dateien, die man „entpacken" muss, bevor sie installiert werden können. Jeder Schmerz ist so ein „Paket", dessen Inhalt sich beim Entpacken als Geschenk erweist. Lassen Sie es aber „verpackt", wissen Sie nie genau, was es enthält und das Paket, sowie der Absender, bleiben ein Rätsel. Mit dem Entpacken läuft das Schmerz-Freude-Spiel optimal.

Was meine ich mit Entpacken? Genau das, was Sie mit einer Datei beim Entpacken tun. Sämtliche Informationen werden auf Ihren PC heruntergeladen und nach der Installation können Sie mit einem neuen Programm arbeiten.

Schmerz enthält viele Informationen, die unsere innere Software updaten können. Ich habe immer und immer wieder erlebt, dass ich die entscheidenden Dinge im Leben durch schmerzhafte Erlebnisse und Erfahrungen lernte. Am schnellsten downloaden Sie die Informationen, wenn Sie den Schmerz wie einen guten Freund begrüßen. Verweigern Sie ihm den Zutritt, lehnen Sie ihn ab, verschließen Sie die Augen und Ohren für seine Botschaft – nun, dann dauert der Download natürlich wesentlich länger und in vielen Fällen unterbrechen Sie ihn durch die Verweigerungshaltung und müssen den Download daher ganz von vorne beginnen, was praktisch bedeutet, dass erneut schmerzhafte Situationen erscheinen.

Sporadisch auftauchender Schmerz ist auf Ebene B unvermeidbar, lang anhaltendes Leiden jedoch wird nur durch die Bewertung des Schmerzes verursacht. Sie kriegen irgendwas nicht, von dem Sie meinen, Sie müssten es unbedingt haben. Beispielsweise Befreiung von einem Schmerz. Nur das führt zum Leid, nicht der Schmerz selbst.

Wenn Sie nicht glauben, es sei katastrophal, am Straßenrand sitzen zu müssen, zu betteln und auf die Hilfe anderer angewiesen zu sein, könnten Sie selbst am Straßenrand lachen. Besuchen Sie Indien, um es zu beobachten! Wenn Sie nicht glauben, es sei grausam und ungerecht, an Aids oder Krebs erkrankt zu sein und Morphium gegen die Schmerzen nehmen zu müssen, werden Sie trotz des äußeren Unglücks im tiefsten Inneren glücklich sein können. Es gibt nur temporär und sehr kurzfristig Situationen, in denen Sie innerlich nicht glücklich sein können. Übrigens: Man kann immer nur „innen" glücklich sein.

Selbst wenn jemand erfriert, erlebt er kurz vor dem Tode ein immenses Glücksgefühl. Denn Glückseligkeit ist unser natürlicher Zustand, ja unser ewiger, unverursachter Zustand auf Ebene A. Der temporäre Schmerz gehört zum Spiel auf Ebene B. Wer sich permanent freut, weiß nicht, wie froh Freude macht.

14 Das Sehnsuchtsspiel

*Ich würde Jahrtausende lang die Sterne durchwandern,
in alle Formen mich kleiden, in alle Sprachen des
Lebens, um Dir einmal wieder zu begegnen. Aber ich
denke, was sich gleich ist, findet sich bald.*

Friedrich Hölderlin, Hyperion

Sobald sich Bewusstsein scheinbar als Baby gebiert,
entsteht Sehnsucht. Sehnsucht nach den zärtlichen
Händen der Mutter, nach elterlicher Liebe, später dann
nach sexueller Befriedigung, nach romantischer Liebe.
Wiederum später nach Sicherheit, nach Wissen, Anerkennung, Erfolg und Bestätigung. Nach Selbstverwirkli-
chung, Transformation, Selbstrealisation, Erleuchtung.
Und, und, und...

Ohne Sehnsüchte, die man freilich auch Wünsche
nennen könnte, würde das Spiel nicht funktionieren. Es
gäbe keine Entwicklung, kein Wachstum, keinen Fortschritt.

Mit Sehnsucht verbinden wir in der Regel kein ange-
nehmes Gefühl. Erst wenn das Objekt unserer Sehnsucht
in unserem Erlebniskosmos erscheint, fühlen wir uns

wohl. Das ändert sich jedoch, wenn Ihnen bewusst ist, Bewusstsein zu sein.

Es ist ein besonders lustiges Spiel, Sehnsüchte verdrängen zu wollen. Dadurch erstarken sie nämlich. Der bewusst spielende Spieler bejaht seine Wünsche, weil er sich dessen bewusst ist, dass nichts, was in seinem Erlebniskosmos auftauchen kann, etwas mit ihm zu tun hat!

Sie bekommen genau das, was Sie *wirklich* brauchen. Wenn Sie es nicht bekommen, brauchen Sie es in Wahrheit gar nicht. Das ist nur den meisten Menschen überhaupt nicht bewusst. Das Spiel besteht in so einem Fall einfach darin, zunächst zu Ihrer Sehnsucht und dann auch zu ihrer Nichterfüllung Ja zu sagen. Ich will Ihnen jedoch nicht verschweigen, dass *der bewusst gewordene Spieler* auf nichts verzichten muss, was zunächst als Idee und schließlich als Absicht im Bewusstsein auftaucht.

Im unbewussten Zustand erscheint es uns höchst erstrebenswert, Einfluss auf unser Schicksal nehmen zu können. Bewusst geworden, erkennen Sie „alles" was Sie wahrnehmen können, als ihre ureigene Schöpfung. Sie beginnen selbst, den Kaffee oder Tee, den Sie morgens trinken, als Ihre eigene Erfindung zu schätzen. Kleinste Ereignisse erhalten somit größten Wert.

Und so stirbt die Sehnsucht, was jedoch nicht bedeutet, dass es keine erstrebenswerten Projekte mehr gäbe. Sie sind nun aber nicht mehr zur Erfüllung notwendig. Das ist der entscheidende Unterschied zu vorher.

Gerade weil der bewusst gewordene Spieler nicht mehr bedürftig ist, kann er sich prinzipiell jeden Wunsch erfüllen. Er muss ihn nicht "loslassen", weil er niemals an einem festklebt.

15 Das Sexspiel

Sex ist sehr unkompliziert, wenn man von keinem Komplex, sondern von einem Bedürfnis geleitet wird.

Georges Simenon, Schriftsteller

Dieses Spiel muss ich einfach gesondert behandeln, weil es uns so unendlich viel Energie raubt, wenn sich die absurden Ideen in uns festsetzen können, die in manchen spirituellen Kreisen propagiert werden. Gerade im Bereich der Sexualität können Sie besonders gut sehen, dass Bewusstsein ein Spiel spielt und sehr viel Humor hat. Weitaus humorvoller als er sich in Charlie Chaplin, Dieter Nur oder Harald Schmidt auszudrücken vermag! Versuchen Sie nur einmal, sich den Geschlechtsakt in seinen verschiedenen Varianten aus der Perspektive eines neutralen Beobachters anzusehen. Also so, als hätten Sie vorher noch nie von Sex gehört und als wüssten Sie nicht, wie es dabei zugeht! Sie werden sich höchstwahrscheinlich (halb) totlachen!

Und ist es nicht erstaunlich, dass der Geschlechtsakt mit den gleichen Organen vollzogen wird, die wir zum Urinieren benutzen? Und manch einer, nicht allein männliche Homosexuelle, nutzt beim Akt selbst das

Organ, mit dem wir unsere Fäkalien ausscheiden. Das hätte Gott doch wahrlich anders einrichten können! Wenn er es gewollt hätte. Hat er aber nicht.

Ja, gucken Sie nur einmal genau hin, anstatt sich jetzt womöglich angewidert abzuwenden! Ist Sex nicht wahrhaft animalisch? Haben Sie schon jemals darüber nachgedacht, weshalb das so ist? Meine Theorie ist: Bewusstsein möchte sich auf Ebene B, also als Bewusst-*sein im Spiel*, einen besonders beweiskräftigen Verweis darauf geben, dass Sex erstens animalisch ist und zweitens über den Zweck der Reproduktion und Arterhaltung schlicht großen Spaß machen soll!

Auf welch verschrobene Ideen sind Menschen gekommen, weil sie diesem Verweis der Natur keinerlei Aufmerksamkeit schenkten.

Der Geschlechtsakt wurde in bestimmten religiösen Kreisen nur bekleidet vollzogen. An der Stelle der Kleidung, hinter der sich das männliche und weibliche Geschlechtsteil befand, gab es eine Öffnung, um während der Vereinigung keinesfalls nackte Haut zu berühren. Und um nicht der Lust der Augen zu erliegen, wurde das Licht gelöscht.

Nach sexueller Befriedigung verlangt das Tier in uns, denn der Homo Sapiens ist, wenn auch auf besondere Art, auch nur ein Tier, und je früher Sie das zu durchschauen vermögen, desto weniger Probleme werden Sie mit dem Ausleben sexuellen Verlangens und all seiner amüsanten Varianten haben. Die Frustration und der Energieverlust derer, die Sexualität zu einem *heiligen Akt* erheben und/oder ein Zeugungsritual daraus machen, ist außerordentlich hoch! Ich sage das nicht zuletzt aus eigener Erfahrung.

Was für ein Zinnober wird um Sex gemacht, um ihn zu heiligen oder gar in spirituelle Energie zu transformieren! Das ist eins der ganz besonders lustigen, aber ebenso auch energieverschwendenden Spiele. Bewusstsein auf Ebene B liebt seinen Tieraspekt ebenso wie den Engelsaspekt. Denn Bewusstsein ist alles: Sowohl Tier als auch Geist.

Wenn Sie Geschlechtlichkeit weder verdammen noch spiritualisieren, wird Sexualität ebenso *unschuldig* ausgelebt, wie ihn jedes andere Tier auslebt, aber sie wird keine Macht mehr über Ihr Denken besitzen. Der Umgang mit sexuellem Verlangen wird daher geradezu lächerlich einfach und unkompliziert.

16 Das Reinkarnationsspiel

*Wie eine Woge kommt mein Körper an und geht. Schau
ganz genau hin: eine Million Wellen, ein See.*

Rumi, Das Lied der Liebe

Dieses spirituelle Spiel ist besonders amüsant. Denn
wer sollte reinkarnieren, wenn Bewusstsein alles ist, was
ist? Das individuelle Ich ist ja nur Illusion, um *Bewusstsein im Spiel* sein zu können! Sobald der Körper stirbt, ist
es perdü. Es kommt nie mehr wieder. Was „scheinbar"
wieder und wieder kommt, ist eine jeweils neue Gestal-
tung und beim Aufbau derselben bedient sich Bewusstsein offenbar des bereits vorhandenen Materials der
bereits gelebten Leben. Der jeweilige Prozess dauert auf
Ebene B solange, bis sich Bewusstsein durch womöglich
tausende illusorischer Ichs vollständig „ausgelebt" hat
und sich selbst wiederfindet. „Ach so! Das bin ich ja
SELBST!" Auf Ebene B könnte man dieses Wiederfin-
den als Ziel aller Prozesse bezeichnen, die sich, sobald
sie „vollendet" sind, im „Nirvana" – also auf Ebene A –
wieder auflösen, als hätte es dieselben niemals gegeben,
was ja auch der Wahrheit entspricht. Doch auf Ebene A
existiert weder ein Weg noch ein Ziel.

Wieso erinnern sich manche Leute an ihr früheres Leben? Insbesondere während der sogenannten Rückführungen? Weil sich der Prozess, der in den jeweils vorherigen Leben am Ende zu sein schien, scheinbar in anderen Leben fortsetzt. Wie viele Leben wurden bereits gelebt? Ihre Zahl ist schwer auszurechnen. Und all das, was gelebt wurde, ist ja nicht etwa verschwunden. Es gibt ja nichts, was verschwindet. Energie = Masse. Doch Sie werden in diesem Arsenal verschiedenster Lebenserfahrung kein Ich zu finden vermögen. Es sind Prozesse, die wie ein Film auf der Rolle wiederaufgeführt, natürlich auch modifiziert und in anderen Rollen und Masken fortgesetzt werden können. Doch dies alles erlebt einzig Bewusstsein. Wenn sich also jemand an frühere Leben erinnern sollte, entspricht dies manchmal tatsächlich Erlebtem. Und doch sind es nicht **seine** früheren Leben. Es ist eine bereits gelebte Phase im Bewusstsein, an die sich, wenn es sich beispielsweise gerade um einen Sachsen handelt, in der Trance sächsisch erinnert wird: „Ei verpipsch, gucke da, des war ISCH also och mal gäwäsn!"

Warum helfen Reinkarnationstherapien manchmal? Sie helfen ebenso wie jedes Erinnern an frühere Konflikte, die nicht unterdrückt, sondern angeschaut werden. Alles Verdrängte in uns erhält sich destruktiv. Was aufgedeckt und akzeptiert werden kann, löst sich auf. Den Konflikt, den jemand während einer Reinkarnationstherapie erlebt, ist in vielen Fällen die Ursache seines Leidens. Es spielt keine Rolle, in welchem Leben er nicht aufgearbeitet, sondern unterdrückt wurde. Denn Sie kommen ja nicht als Frischling zur Welt. Ihr illusionäres Ich wird von dem einen Bewusstsein aus den Komponenten bereits gelebter Leben zusammengesetzt. Letztlich wird bei jeder neuen Geburt lediglich der Prozess fortgesetzt, der in einem bereits gelebten Leben endete. Aber in ihm gibt's kein gesondertes Ich. Es ist der Prozess, den Bewusstsein (nie) beginnt und den Bewusstsein (nie) beendet.

17 Das Spiel mit dem freien Willen

Schopenhauers Spruch: «Ein Mensch kann zwar tun, was er will, aber nicht wollen, was er will», hat mich seit meiner Jugend lebendig erfüllt und ist mir beim Anblick und beim Erleben der Härten des Lebens immer ein Trost gewesen und eine unerschöpfliche Quelle der Toleranz.

Albert Einstein, Mein Weltbild

Wenn alles Bewusstsein ist, gibt's natürlich keinen freien Willen für die Spielfigur, mit der Bewusstsein durchs Spiel navigiert. Jede Figur auf der Weltenbühne wird von Bewusstsein gespielt. Wer das in den falschen Hals kriegt, der glaubt, er habe gar keinen Willen. Andersrum wird ein Schuh draus: Gerade weil nur Bewusstsein existiert und sonst nichts und niemand, können Sie wollen, was immer Ihnen günstig und vorteilhaft erscheint. Kein Limit. Keine Begrenzung – außer denen Ihrer jeweils vorhandenen Konditionierung, Ihrer Gene und Ihrer Umgebung, Faktoren, die Sie automatisch in Ihrem Handeln begrenzen.

Es ist ein unbeschreibliches Glücksgefühl, ja, die totale Freiheit, wenn Ihnen bewusst wird, dass das, was geschah, geschieht und geschehen wird, NUR Bewusstsein im Spiel **sein kann**. Vorbei die Zeit, in der Sie glauben mussten, Sie könnten irgendwas in Ihrem Leben verpassen! Vorbei die Zeit, in der Sie meinen mussten, irgendwas in Ihrem Leben falsch gemacht zu haben. Vorbei die Zeit, in der Sie denken mussten, in der Zukunft könne irgendwas schief gehen. Vorbei die Zeit, in der Sie glauben mussten, nicht so zu sein, wie Sie eigentlich sein sollten. Vorbei auch die Zeit, in der Sie meinen mussten, andere Menschen müssten oder sollten sich anders verhalten, als sie es nun einmal tun.

Die Diskussion: „Ist alles vorherbestimmt oder haben wir einen freien Willen?" gehört der Vergangenheit an, weil Ihnen bewusst ist, dass jede Entscheidung, die Sie treffen, in Wahrheit Bewusstsein entscheidet, schlicht deshalb, weil nur Bewusstsein existiert. Und da Bewusstsein zeitlos und raumlos ist, ist das Wann und Wo der Entscheidung völlig irrelevant.

Sie müssen nicht darauf warten, dass Ihnen eine übernatürliche Stimme sagt, was der „Wille Gottes" ist. Alle Lebewesen auf dieser Erde tun genau das, was geschehen soll, sonst wären sie nicht in der Lage, zu tun, was sie tun. Natürlich können Sie dieses „Was-ist-Gottes-Wille-Spiel" weiter spielen. Ich jedenfalls spiele längst schon ein anderes, ein schöneres, leichteres, weitaus amüsanteres Spiel.

In Wahrheit ist das Spiel einfach so programmiert, dass wir glauben, „ich" wäre derjenige, der entscheidet und handelt. Das ist ein fabelhafter Zaubertrick. Der Zaubertrick von Bewusstsein, um das Vergnügen auskosten zu können, welches der illusionäre Eindruck, als Individuum eigenständig handeln zu können, nun einmal auslöst.

Ist es nicht im wahrsten Sinne des Wortes phantastisch, genau zu wissen, dass alles nach Drehbuch verläuft und gleichzeitig tun zu können, wonach einem auch immer der Sinn steht?

18 Das Religionsspiel

Wenn das Universum einen Anfang hatte, können wir von der Annahme ausgehen, dass es durch einen Schöpfer geschaffen worden sei. Doch wenn das Universum wirklich völlig in sich selbst abgeschlossen ist, wenn es wirklich keine Grenze und keinen Rand hat, dann hätte es auch weder einen Anfang noch ein Ende; es würde einfach sein. Wo wäre dann noch Raum für einen Schöpfer?

Stephen Hawking

Nur auf Ebene B tut Bewusstsein so, als existierten Milliarden von lebendigen Körpern und ein unsichtbares Wesen „über ihm", das es entweder ablehnt oder mit dem es ab und zu oder regelmäßig kommuniziert.

Ich spreche in Demut mit Gott und bin mir dabei bewusst, dass ich ein Selbstgespräch führe. Wenn Sie das Spiel durchschauen, werden Sie kein Problem damit haben, solcher Art köstliche SELBSTgespräche zu führen. Sie werden auch kein Problem mehr mit den verschiedenen Religionen haben, selbst wenn Ihnen manche töricht oder gar absurd erscheinen. Denn sie sind nichts weiter als das Spiel, durch welches sich Bewusstsein in die Illusion begibt, einen Gott, wie er auch immer genannt werden mag, über sich zu haben und ihm gehorchen zu müssen. Ich nenne es das Religionsspiel.

Stellen Sie sich bitte mal vor, dass sich all jene, die sich im Islam dreimal täglich zu Boden werfen, um Allah zu ehren, selbst verehren. Stellen Sie sich weiterhin vor, dass all jene, die als Stellvertreter Gottes auf Erden agieren, als Kardinäle, Priester und Pfarrer, lediglich Bewusstsein in seinen „Verkleidungen" sind. Bewusstsein tut so, als bedürfte es eines Mittlers zwischen Gott und den Menschen, obwohl es beides ist. Beweist sich in diesem Spiel nicht außerordentlich großer Humor?

Den Versuch, religiöse Menschen davon zu überzeugen, dass ihre Religiosität in Wahrheit eins von vielen möglichen Spielen ist, halte ich für ebenso sinnlos, wie das Spiel selbst. Es wurde schon immer gespielt und wird immer gespielt werden, weil es zum Versteckspiel gehört. Überlegen Sie doch einmal: Obwohl es schon vor vielen tausend Jahren die Erkenntnis gab, dass nur Bewusstsein existiert, konnte sie sich nicht durchsetzen. Noch immer existiert im Massenbewusstsein der Glaube an einen menschenähnlichen Gott, der all jene, die nicht an ihn glauben, nicht mag und sogar ewig verdammt. Gleichgültig, wie stark der Trend werden wird, Bewusstsein in allem zu sehen – immer wird es nur die Sichtweise einer Minorität sein. Das Spiel würde sonst nicht mehr funktionieren. Und es geht nicht um die Menschen, es geht allein um das Spiel!

Dieses Buch soll keinesfalls dazu dienen, religiöse Menschen zu einer anderen Einstellung zu „bekehren." Es ist ausschließlich deshalb geschrieben, damit Bewusstsein sich selbst zu erinnern vermag und sich seines nie verloren gegangenen, natürlichen Zustands bewusst werden kann. Es ist auch nicht dazu geschrieben, um religiöse Menschen zu diskriminieren, denn der Autor ist sich ja voll und ganz dessen bewusst, dass es Bewusstsein ist, das in der Maske des religiösen Menschen erscheint. Diese Überzeugung hält ihn jedoch nicht davon ab, insbesondere das fundamentalistische Religionsspiel unter den vielen Absurditäten im Spiel von Bewusstsein als besonders skurrile Spielvariante zu bezeichnen, die weitaus mehr Energie bindet, als sie zu geben vermag.

19 Das Wissenschaftsspiel

Aus der Zeit wollt Ihr einen Strom machen, an dessen Ufern Ihr sitzt und zuschaut, wie er fließt. Doch das Zeitlose in Euch ist sich der Zeitlosigkeit des Lebens bewusst und weiß, dass Gestern nichts anderes ist, als die Erinnerung von Heute und Morgen der Traum von Heute.

Khalil Gibran, Der Prophet

Es gibt weder Urknall noch Evolution. Nur Bewusstsein, in dem Urknall und Evolution als Erklärungsversuche für etwas, was niemals geklärt und erklärt werden kann, erscheinen.

„Aber was war dann am Anfang?"

Was meinst du mit Anfang? Es gibt keinen Anfang. Wie sollte es einen Anfang geben?

„Der Urknall!"

Der soll vor etwa 13,7 Milliarden Jahren stattgefunden haben, ich weiß. Und er soll die Raumzeit hervorgebracht haben. Aber was war zuerst da? Raumzeit oder Urknall? Hat der Knall die Raumzeit *fabriziert* oder hat er sie lediglich *entfaltet*, wie eine Eichel den Eichbaum *entfaltet*? Logischer scheint mir, wenn denn schon

Urknall, dass sie mit ihm lediglich *offenbar* wurde. Wäre das aber der Fall, stellt sich die Frage, wie und wann der Same der Raumzeit entstand – mit allem drin, was wir Universum nennen.

Es ist völlig unmöglich, hinsichtlich des Seins von einem Anfang zu sprechen. Es kann keinen geben. Er widerspricht jeder Logik.

„Aber willst du denn ernsthaft behaupten, dass der Kosmos immer schon war?"

Nicht so, wie wir ihn gegenwärtig wahrnehmen, weil er sich ja andauernd wandelt. Grundsätzlich aber – natürlich; denn was ist denn der Kosmos? Er beruht auf der sich selbst begrenzenden Wahrnehmung des Bewusstseins auf Ebene B. Es ist nur wahrnehmbar durch das, was wir „menschliche Sinnesorgane" nennen. Aber was sind denn menschliche Sinnesorgane? Unsere Fähigkeit, in der spezifischen Weise wahrzunehmen, wie wir es tun. Eine Ameise nimmt den Kosmos vollständig anders als wir Menschen wahr, obwohl sie im selben Kosmos existiert. Wie ist das möglich? Weil der Kosmos ausschließlich in unserer spezifischen Sinneswahrnehmung, bzw. unserer jeweiligen Wahrnehmung existiert! Ohne Bewusstsein kein Kosmos.

Was wir Menschen Universum nennen, ist Bewusstsein in seiner begrenzten Wahrnehmung als menschliches

Individuum. Bewusstsein wandelt sich nicht, es nimmt sich nur auf Ebene B als wandelbar in Zeit und Raum wahr. Das ist sein Spiel. Und es hat nie begonnen. Es ist ebenso zeitlos, wie Bewusstsein selbst.

Daher ist es möglich, an einen Schöpfer zu glauben. Daher ist es ebenso möglich, an die Evolution zu glauben. Es kommt ganz auf Ihre Wahrnehmung an. Wollen Sie einen Schöpfer wahrnehmen, werden Sie ihn wahrnehmen können. Wollen Sie die Existenz auf Evolution zurückführen, wird Ihnen auch das gelingen.

„Wann hat denn Bewusstsein damit *begonnen*, sich zu begrenzen?" Bewusstsein existiert auf beiden Ebenen zugleich im ewigen Jetzt und daher stellt sich die Frage nach einem Anfang nur auf Ebene B. Bewusstsein erweckt nur auf Ebene B den Anschein, als würde der Kosmos erst entstehen müssen, bevor man ihn wahrnehmen kann. Aber es ist genau umgekehrt: Weil Bewusstsein sich als Individuum im Kosmos wahrnimmt, entsteht der Kosmos, obwohl er niemals entstand und nirgendwo anders als im Bewusstsein existiert. Nur auf Ebene B hat alles den Anschein des Werdens und des Vergehens. Das ist der Kunstgriff, mit dem sich Bewusstsein eine Welt vorzugaukeln vermag, in dem es als Individuum wird und vergeht.

Sie sind Bewusstsein. Ob Sie als Person leben oder sterben, wird davon nicht berührt. Geboren werden und

Sterben ist ein Wahrnehmungsakt. Und Sie als Bewusstsein spielen dieses Wahrnehmungsspiel.

Sie kommen scheinbar zur Welt und glauben dann das, was andere Ihnen über die Weltentstehung erzählen. Aber was ist das, was sie Ihnen erzählen: Die besondere Art, mit der sich Bewusstsein in diesen Personen wahrnehmen will. Alle wissenschaftlichen Forschungsergebnisse sind schlicht auf Annahmen gegründet. Und diese Annahmen lassen sich nur deshalb verifizieren, weil sich nahezu alles, was in der Illusion angenommen wird, verifizieren lässt. Dies erklärt uns sogar die Quantenphysik: *Der Beobachter verändert durch die Beobachtung das Beobachtete.*

Der Grund dafür ist das Spiel von Bewusstsein, mit dem es sich vergnügt. Es findet Gefallen daran, eine Welt zu simulieren, über deren Entstehung gerätselt wird und über die alle möglichen Theorien entstehen. Auf Ebene A ist der vergnügliche Selbstbetrug transparent. Auf Ebene B wird er nur dann durchschaut, wenn Bewusstsein sich sozusagen selbst findet.

Die Alten haben die Welt mit einem Traum verglichen. In einem Traum können Sie all das erleben, was Sie während des sogenannten Wachens erleben. Und doch ist nichts davon Realität. Unglaubliche Dinge können geschehen und doch ist nichts davon wahr. Sie als der Träumende sind die einzige Realität.

98

Was Sie als Mensch sind und erleben, ist das Geträumte des Träumers. Anhand des nächtlichen Traums vermögen wir zu erkennen, dass der sogenannte Wachzustand lediglich einen anderen Traummodus darstellt. Wir können in ihm alles erfinden, was wir gegenwärtig erfahren und Realität zu nennen gewohnt sind. Doch das ändert nichts daran, dass es ein Spiel ist, welches Bewusstsein mit sich selbst spielt. Und um wie viel ärmer wären wir doch ohne all die höchst interessanten Märchen, die uns Wissenschaftler über die Entstehung des Universums und den Artenreichtum auf Erden erzählen?

20   Das Politikspiel

Der Behauptung, dass Politiker nicht denken können, ist zu widersprechen. Jeder Politiker denkt – an die nächsten Wahlen.

Markus M. Ronner, Der treffende Geistesblitz

Welche Regierungsform ist die beste? Monarchie, Demokratie, Anarchie, Theokratie oder ne Mischform, wie sie gegenwärtig in China praktiziert wird?

Wenn Sie ohne ideologische Scheuklappen prüfen, welche die beste Regierungsform ist, werden Sie in jeder mehr oder weniger Vorteile und Nachteile finden. Winston Churchill brachte es auf den Punkt, als er sagte: *Die Demokratie ist die schlechteste Staatsform, ausgenommen all diese anderen, die man von Zeit zu Zeit ausprobiert hat.*

Die perfekte Staatsform gibt's nicht, kann es nicht geben, nicht nur deshalb, weil Dualität das beherrschende Element unserer Erlebniswelt ist, sondern auch und vor allem deshalb, weil wir uns in einem virtuellen Spiel befinden, in dem es nicht um Gerechtigkeit, sondern um *Erfahrungen* geht.

Es gibt keine Politiker, nur Politikermasken, die sich Bewusstsein sozusagen aufsetzt, um die Rahmenbedingungen für sein Spiel jeweils so zu verändern, dass es den notwendigen Spielablauf nicht behindert, sondern unterstützt. Der abartige Kaiser Nero war ebenso eine Maske, wie der gläubige Kaiser Augustus. Der Judenfeind Hitler war ebenso eine Maske, wie der Menschenfreund Gandhi. Der intelligente und liberale Präsident Clinton ebenso eine Maske wie der strohdumme, skrupellose und erzkonservative Präsident Bush.

Politiker kommen nicht an die Macht, weil sie besonders fähig oder intelligent sind. Auch nicht, weil sie ein Volk wählt, obwohl sie in allen Demokratien gewählt werden. Es ist Bewusstsein, das ihnen temporär Macht verleiht. Es ist dessen Macht, nicht die ihre. Sie alle sind nichts anderes als eine Art Regierungsroboter.

Wer sich nur ein wenig mit Geschichte beschäftigt, begreift, dass Politik äußerst wenig mit Gerechtigkeit oder Menschenliebe zu tun hat. Die meisten Politiker sind an der Macht, nicht weil sie ihr Volk, sondern die ihnen verliehene Macht lieben. Und manchmal noch nicht einmal das. Viele Politiker befinden sich ebenso „zufällig" in der Regierungsverantwortung, wie andere sich als Bäcker in einer Backstube oder als Schlosser in einer Schlosserei befinden.

Ich möchte Sie noch einmal daran erinnern, dass Bewusstsein die Masken zwar aufsetzt und die Spiele spielt, jedoch nicht etwa das ist, als das es uns in seinen Rollen erscheint. Nichts, was wir auf Ebene B wahrnehmen, ist **in der Form real**, wie es uns auf Ebene B real erscheint. Niemand tut irgendwas! Alles, auch Politik, ist Bewusstsein auf Ebene B, das nur so tut, als wäre es dies und das. Und zwar um zu spielen.

Ohne diesen Durchblick sehen wir nur, was wir vordergründig zu sehen vermögen! In Hitler einen Wahnsinnigen, einen Fanatiker, der in den Juden das Grundübel dieser Welt erblickte. Und 6 Millionen – eine unglaubliche Anzahl von Individuen – die auf bestialische Art und Weise ums Leben kamen. Wie sollten wir das historische Ereignis mit dieser begrenzten Perspektive anders als entsetzlich, pervers, bestialisch beurteilen können? Auf Ebene B tue ich das ebenso wie Sie!

Was geschah tatsächlich? Bewusstsein erfuhr sich in jedem dieser 6 Millionen Einzelschicksale. In jedem war es einzig Bewusstsein auf Ebene B, das sich in die Hand derer begab, die aufgrund ihrer Programmierung fest daran glaubten, nach der Überzeugung ihres Staatschefs handeln zu müssen.

Können wir denn von außen mit unserer begrenzten Perspektive beurteilen, welche besonderen Erfahrungen und Emotionen in jedem der Einzelschicksale durchlaufen wurden? Nein, das ist gänzlich unmöglich. Wir sehen nur, was vor Augen ist. Und diese Augen sind durch die Art, wie wir uns und die Welt im Allgemeinen wahrnehmen, äußerst begrenzt.

Es geht um ein Spiel und in diesem Spiel nur um die Erfahrung als solche, nicht um die Geschichte und auch nicht um den Kontext, in dem sie verläuft. Und diese Erfahrung dient, wie grausam sie uns auf Ebene B auch erscheint und erscheinen muss, einzig und allein dem Spiel von Bewusstsein. Denn Bewusstsein muss weder etwas erkennen, noch etwas lernen, noch sich entwickeln. Alles, was wir auf Ebene B lernen, was wir in zeitlichen Prozessen mühsam erkennen und erlernen, IST Bewusstsein (bereits) im zeitlosen Jetzt. Und wenn sich Ihnen nun einmal mehr die Frage stellt, weshalb sich Bewusstsein in den schwierigen, zeitlichen Prozess des Werdens begibt, wenn es doch bereits ist, was es wird, so wird einmal mehr deutlich, dass es sich nur um ein Spiel handeln kann. Denn welches Motiv könnte es wohl sonst dafür geben, dass sich unbegrenztes Bewusstsein auf teilweise so absurde Weise selbst begrenzt?

Weshalb beurteilen wir den Holocaust als eines der schrecklichsten Ereignisse in der Geschichte der Menschheit? Warum stört der Tod unseren Tagesablauf nur dann, wenn sich eine uns bekannte, besser geliebte Person unter den Toten befindet? – Aufgrund unserer begrenzten Perspektive. Jeden Tag sterben schließlich ungefähr 150'000 „einzelner" Menschen, teilweise qualvoller noch, als manch einer jener 6 Millionen Juden im dritten Reich, irgendwo auf der Welt.

Politik setzt die Rahmenbedingungen für das virtuelle Spiel *Existenz*. Jede Ära ist ein besonderer Spielabschnitt im Spiel von Bewusstsein auf Ebene B. Natürlich auch die gegenwärtige Zivilisation, in dem die Wirtschaftskräfte das eigentliche Sagen haben. Regierungen sind eigentlich nicht mehr an der Macht, sondern die Wirtschaftsbosse. Sie diktieren heute, wo's lang geht. Denn die Völker benötigen Arbeit, um existieren und sich ihre vielfältigen Wünsche erfüllen zu können. Daher ist jede Regierung auf erfolgreiche Unternehmen angewiesen. Ohne sie bricht jedes Regierungssystem – ob Demokratie oder Diktatur – schließlich in sich zusammen.

Warum funktionierte das kommunistische System nicht? Weil die Natur des Menschen nur insoweit sozial ist, als es das Ego nicht beeinträchtigt. Blutsverwandte und gute Freunde zu schützen und zu versorgen, empfindet das Individuum in der Regel als ebenso notwendig, wie es um den eigenen Körper besorgt ist. Alles, was darüber hinausgeht, kann das Ego nur dann als zu sich selbst gehörend betrachten, wenn es weit überdurchschnittlich sozial programmiert ist. Es sind Ausnahmeerscheinungen, wie beispielsweise Mahatma Gandhi, Mutter Theresa, Albert Schweitzer, Karl-Heinz Böhm.

Weil das so ist, funktioniert Wirtschaft umso besser, je mehr eine Regierung auf den genetisch bedingten (oder programmierten) Egoismus des Menschen setzt. Denn der Mensch hat bezüglich seiner *existentiellen* Interessen dem Tier nicht allzu viel voraus.

Der Kommunismus zerbrach am Ego des Menschen. Man kann ihm nicht befehlen, als Teil des Ganzen zu denken und zu handeln. Man kann ihn auch nicht umerziehen.

Schauen wir uns nun unsere sogenannte soziale Marktwirtschaft an. Je länger man an ihr festzuhalten versucht, desto größer werden die Probleme. Es ist ein Teufelskreis: Die Bürger bezahlen immer höhere Steuern für ihre immer teurer werdende soziale Absicherung, die sie jedoch letztlich nicht reicher, sondern bis auf wenige Ausnahmen immer ärmer machen. Und das wird so weit gehen, bis das System der sozialen Marktwirtschaft ebenso wie der Kommunismus, am Ego zerbricht.

Trotzdem bleibt richtig: Je weniger eine Regierung seine Bürger mit Steuern belastet und je mehr sie dieselben in ihrer Selbstentfaltung fördert, desto erfolgreicher und wohlhabender ist ein Volk. Das Spiel ist so programmiert, dass ein Volk nur dann, wenn das Ego sich möglichst ungehindert entfalten kann, wohlhabend wird. Man kann diese „Spielregel" nicht ändern, weil das Spiel so programmiert ist. Und wer es versucht, dem ist das Scheitern bestimmt.

Jesus wird von vielen als Sozialreformer betrachtet, dem es um Gerechtigkeit ging. In Wahrheit lehrte er uns einige Spielregeln und die haben mit Gerechtigkeit wenig bis gar nichts zu tun. Eine davon ist: *Wer da hat, dem wird gegeben werden. Wer aber nicht hat, dem wird auch das genommen, was er hat.* Nun könnte man beinahe annehmen, Jesus wäre ein Kapitalist gewesen. Aber nein, Jesus interessierte sich überhaupt nicht für Politik. „Mein Reich ist nicht von dieser Welt", verkündete er.

Nach dem Aufstieg eines Weltreichs folgte der Abstieg. Was immer die gegenwärtigen demokratischen Regierungen an Maßnahmen einleiten oder durchsetzen werden: hat der Aufstieg eine bestimmte Höhe erreicht, ist ihm der Abstieg sicher. Betrachten Sie die Geschichte der Menschheit und Sie werden zur gleichen Überzeugung gelangen.

Werden und Vergehen ist eine der Spielregeln auf Ebene B. Das ist so und das wird so bleiben. Nur Ebene A ist unwandelbar. Sich dessen bewusst, spielen Sie das Spiel Existenz optimal und Sie werden das Politikspiel durchschauen.

21 Das Suche-nach-sich-selbst-Spiel

Auf einmal war es ihm klar, dass die Suche der einzige
Grund des bisherigen Nichtfindens gewesen war; dass
man da draußen in der Welt nicht finden und daher nie
haben kann, was man immer schon ist.

Paul Watzlawick, Vom Schlechten des Guten

Warum ist es ohne die Suche nach sich selbst – manche nenne sie auch *Suche nach Erleuchtung* – nicht
möglich zu sehen, wer Sie in Wahrheit sind? Nur aus
einem *einzigen* Grund: Weil Sie es wenig oder gar nicht
wertschätzen würden, wenn Ihnen klar wird, dass Sie
schon sind, was Sie meinten, erst werden zu müssen.

Angenommen jemand sucht angestrengt nach seiner
Brille. Stundenlang. Angestrengt. Sorgenvoll. Voller
Unruhe. Ängstlich. Nervös. Hektisch. Verstört. Dann,
wie durch Zufall, sieht er sich in einem Spiegel und
erkennt: „Mein Gott, ich habe die Brille ja auf!" Was
wird die Folge sein? Aufatmen! Erleichterung! Freude!
Und Frieden! Womöglich wird er ob seiner Dummheit,
solange und angestrengt nach ihr gesucht zu haben, in
lautes Lachen ausbrechen, bis ihm die Tränen kommen!
Warum? – Etwa, weil er nun besser sieht als zuvor?

Etwa, weil er etwas fand, was er vorher noch nicht besaß? – Nein sicher nicht, die Brille saß ja bereits die ganze Zeit über auf seiner Nase. Was ihm Erleichterung (oder Erleuchtung) verschafft, beruht auf der Tatsache, dass seine Suche beendet ist. Wenn jemand jedoch nicht angestrengt nach seiner Brille sucht, wird ihm die Erkenntnis, sie bereits auf der Nase zu haben, keine Erleichterung verschaffen.

Also: Aus welchem Grund machen wir die Erfahrung der Suche? Möglicherweise über viele Jahre oder Jahrzehnte hinweg. Warum verirren wir uns dabei in viele Sackgassen? Weshalb werden manche, weil sie nicht finden, was sie so angestrengt suchen, sogar schwer depressiv wie Leonard Cohen? Nur aus einem Grund: Damit wir schließlich beim Blick in den Spiegel **voller Wertschätzung** ausrufen können: „Mein Gott, ich hab sie ja auf! Und ich hatte sie bereits auf, bevor ich nach ihr zu suchen begann!" Nur ein Mensch, der das erlebt, wird Wertschätzung dafür empfinden, denn seine Suche ist nun endlich zu Ende. Und nichts anderes ist das, was wir im Allgemeinen als Erleuchtung bezeichnen.

Wir alle sind noch nie verloren gewesen. Wir alle sind bereits genau dort, wo wir hinwollen. Wir können nirgendwo ankommen, wo wir nicht bereits sind. Denn wir sind Bewusstsein, das sich lediglich als sogenanntes Individuum maskiert und sich auf diese Weise perfekt vor sich selbst verbirgt, um seine amüsanten Spiele mit sich selbst zu spielen. Wenn Sie nicht das Suche-nach-sich-selbst-Spiel spielen, spielen Sie vielleicht das Suche-nach-Sicherheit-Spiel, das Suche-nach-Freiheit-Spiel, das Suche-nach-Anerkennung-Spiel oder das Suche-nach-Supersex-Spiel oder das Suche-nach-Liebe-Spiel oder das Suche-nach-Lebenssinn-Spiel.

Nichts ist auszusetzen an all diesen Such-Spielen. Im Gegenteil: Bewusstsein spielt es (seit jeher und immer wieder), nur deshalb gibt es dieselben. Nur deshalb gibt's die Begrenzung. Nur deshalb gibt's das Gefühl des Mangels und des Begehrens. Nur deshalb gibt's das Gefühl, nach etwas zu suchen und etwas finden zu müssen. Nur deshalb gibt's die Unkenntnis darüber, dass das, was wir suchen, überhaupt nicht gefunden werden kann. Denn würden wir das alle bereits wissen, gäbe es keinen Grund, um nach irgendetwas zu suchen.

Nun werden Sie vielleicht sagen: „Schön und gut. Ich hab das verstanden, aber erfahren hab ich's immer noch nicht. Mir fehlt noch der Blick in den Spiegel. Ach bitte, sag mir doch, wo ich den Spiegel finde, um zu sehen, dass die Brille schon auf meiner Nase sitzt!" Merken Sie etwas? Die Suche geht weiter. Bewusstsein auf Ebene B findet immer ein Schlupfloch, um dieses höchst interessante und amüsante Suchspiel weiter spielen zu können. Aber die Suche wird eben nur dann beendet, wenn erkannt wird, dass es nichts gibt, was Sie finden können. Auch der Spiegel ist bereits da. Sie schauen jetzt hinein und können daher jetzt realisieren, dass Sie das, was Sie suchen, bereits sind.

Sollten Sie immer noch einen Widerstand spüren: „Also das kann's doch nun wirklich nicht sein! Solange hab ich gesucht, nur um zu erkennen, dass meine Suche völlig umsonst war", so ist meine Antwort: Genau! Dazu war die Suche da! Je länger es dauerte, je anstrengender und deprimierender es war, desto besser! Warum? – Nun, weil Sie dann die Erkenntnis, schon immer da gewesen zu sein wo Sie hin wollten, um so mehr **wertschätzen** werden. Und weil Sie erst dann das Gefühl, endlich angekommen zu sein, nie mehr vergessen werden.

Angenommen, Sie müssten sich immer wieder daran erinnern, dass Sie schon am Ziel sind. Was würde das bedeuten? Nichts anderes, als dass Sie das Such- und Find-Spiel noch nicht ganz leid sind. Sie finden es einfach noch nicht gänzlich uninteressant, es zu spielen. Daher gibt's Zeiten, in denen Sie wieder nach etwas suchen. Mein Tipp: Spielen Sie das Suchspiel solange, wie es Ihnen interessant zu sein scheint. Es ist völlig sinnlos, es vorzeitig beenden zu wollen, weil Sie nur durch Erfahrung zu der Erkenntnis gelangen können, dass keine Suche zum erwünschten Ziel führt. Erst wenn Sie erkennen, dass kein Ziel, das Sie erlangen, Sie dahin führt, wo Sie hin wollen, werden Sie zur totalen Enttäuschung, bzw. Desillusionierung bereit sein. Solange das jedoch noch nicht der Fall ist, ist meine Empfehlung: Spielen Sie das Rein-Raus-Spiel.

22 Das Rein-Raus-Spiel

Der Ungeduldige fährt sein Heu nass ein.

Wilhelm Busch, Spruchweisheiten & Gedichte

Was ist das Rein-Raus-Spiel? – Einmal rein, einmal raus aus dem Bewusstsein, dass Sie schon angekommen sind. Das bedeutet sich zu erinnern: *Ich bin Bewusstsein und war noch nie etwas anderes.* Kurze Zeit später entsteht in Ihnen möglicherweise wieder der Wunsch, irgendwo anders anzukommen. Beispielsweise in einem supertollen Gefühl. Oder in einer total harmonischen Partnerschaft. Oder in einem Cabriolet der Spitzenklasse. Oder in einem Beruf, der Sie vollkommen zufrieden stellt. Oder in der Erleuchtung als einer Explosion glückseliger Gefühle. Vielleicht taucht auch irgendein Widerstand auf, der Ihnen einreden will, dass Sie dort, wo Sie gerade sind, nicht bleiben können, wenn Sie glücklich sein wollen. Oder, oder, oder...

Na und?

Wenn ich einen tollen Schlitten sehe, mit dem ich gern fahren würde oder eine Villa, in der ich gern wohnen würde, weiß ich, dass es zweifellos möglich ist, genau das zu erleben. Das gibt mir ein Hochgefühl.

Vielleicht wird aus diesem Gefühl eine Absicht. Aber ich tue nichts, um das Gefühl zur Absicht werden zu lassen, weil ich weiß, dass sich eine Absicht, die sich intensiviert, automatisch verwirklicht.

Letztlich ist es mir nicht wichtig, WAS ich erlebe, weil ich weiß, dass nur zählt, WIE ich das Leben erlebe. Ich erlebe es als mein (virtuelles) Spiel! Als meine Spielwelt! Jetzt – in dem was ich gerade erlebe. Was spielt es da für eine Rolle, ob ich in einer alten Schrottmühle oder in einem Cabrio der Spitzenklasse fahre! Ob ich im höchsten Gebäude der Welt, dem Burj Khalifa in Dubai, ein Appartement bewohne oder in einem kleinen Häuschen auf dem Land lebe! Ob ich supererfolgreich bin oder in meinem Garten Rosen züchte, die außer mir niemand bewundert!

Daher bin ich stets losgelöst von spontan auftretenden Wünschen. Ich bin weder für sie, noch gegen sie. Ich nehme sie wahr, wie ich einen Apfel und den Appetit, ihn zu essen, wahrnehme. Führt der Appetit zum Essen des Apfels, genieße ich ihn. Führt er nicht dazu, genieße ich das Leben ohne das Essen des Apfels.

Ich muss keinen einzigen Wunsch realisieren, weil ich im Innersten zufriedengestellt bin, doch gerade weil das so ist, kann ich mit Wünschen, bzw. Absichten spielen. Ich könnte mir sogar, wenn ich denn wollte, eine Wunschliste schreiben. Mir ist nichts verboten, denn ich bin wie ein Kind, das sich noch ganz in der Realität der Spielwelt befindet. Ich bin wieder da, wo ich einst als Kind war. Nur dass ich nun weiß, was es bedeutet, die Spielwelt zu verlassen und so tun zu müssen, als sei das Leben, der Kosmos, die Existenz real.

Bevor Sie voll und ganz in diesem Spielmodus sind, mag es vorkommen, dass Sie sich in einen Wunsch oder einen Widerstand verrennen und glauben, ohne dessen Erfüllung nicht mehr weiterleben zu können. Das ist nicht weiter problematisch, wenn Sie sich an das Rein-raus-Spiel erinnern. Erinnern Sie sich einfach daran, dass Sie Bewusstsein sind, nie etwas anderes waren und sein können.

Je öfter Sie sich in dem Rein-Raus-Spiel selbst enttäuschen, desto klarer wird Ihnen werden, dass Sie sich überhaupt nicht verrennen können. Weil Sie ja immer nur dort sind und sein können, wo Sie schon immer waren.

23   Das Flow-Spiel

Wenn wir unsere Aufmerksamkeit mit etwas beschäftigen oder gleichsetzen, werden wir Glück empfinden, solange wir darin vertieft sind. Dieses Glücksgefühl kommt von unserem eigenen Selbst, wenn es auf etwas konzentriert ist, in dem wir aufgehen. Es ist seine eigene Widerspiegelung des Glücks, nicht etwa ein vorhandenes Glück in der Sache selbst, mit der es sich beschäftigt. Es ist so lange glücklich, wie es ganz eins mit dieser Sache ist, von ihr in Anspruch genommen, mit ihr identifiziert.

Kirpal Singh, Spiritueller Lehrer

Das Flow-Spiel ist eines der vergnüglichsten und zugleich effizientesten Spiele auf Ebene B. Manche Menschen spielen es unbewusst. Nur temporär allerdings.

Das Flow-Spiel spielen Sie immer dann, wenn es in Ihrer subjektiven Erfahrung keinen Handelnden gibt. Sie machen sich keine Gedanken darüber, weshalb Sie etwas tun und auch keine Gedanken darüber, was dabei rauskommt. Natürlich „denken" Sie, wenn es sich um eine anspruchsvolle Aufgabe handelt, aber selbst dieses Denken erfolgt automatisch, es strengt Sie nicht an, bringt Sie nicht unter Distress.

Die Begriffe Flow und Bewusstsein sind Synonyme. Sind Sie nicht im Flow, spielen Sie beinahe automatisch noch irgendein Widerstands-Spiel.

Nun werden Sie vielleicht, angeregt durch dieses Buch, sagen: „Bin ich denn nicht immer Bewusstsein, egal was ich tue oder nicht tue?" Natürlich, jedoch, wie wir sahen, gibt es verschiedene Möglichkeiten das Spiel zu spielen.

Das beste, effizienteste, kostengünstigste, zufriedenstellendste Spiel ist das Flow-Spiel. Sie können freilich das sogenannte Trachten-nach-Anerkennung-Spiel oder das Hauptsache-ich-verdiene-viel-Geld-Spiel spielen, Bewusstsein sind Sie in allen Spielen, aber wirklich glücklich machen können Sie diese Spiele nicht.

Ich kenne einen Hotelier, der seinen Gästen persönlich den Koffer aufs Zimmer bringt, vom frühen Morgen bis zum späten Abend im Hotel anwesend ist und sich um seinen reibungslosen Betrieb kümmert; noch nie sah ich ihn anders als glücklich. Warum? – Nun, er ist offensichtlich im Flow! Was er tut, tut er gern und ohne Widerstand! Was er tut, befriedigt ihn restlos. Und deshalb ist es ihm egal, wie viel und wie angestrengt er arbeiten muss.

Sie suchen sich am besten eine Tätigkeit zur Existenzsicherung aus, in welcher Sie schnell und problemlos in den Flow kommen. Es ist vollkommen egal, wie viel Sie dabei verdienen! Es ist auch vollkommen egal, ob diese Tätigkeit anerkannt wird. Glücklich sein können Sie nur im Flow. Wenn überhaupt, werden Sie nur im Flow wohlhabend und *zugleich* glücklich sein können.

Flow können Sie bei jeder Tätigkeit erfahren – selbst beim Unkrautjäten oder Keller aufräumen. Sie können jedoch selbst beim Meditieren Nicht-Flow, bzw. Blockaden erfahren. Kommt ganz drauf an, WIE Sie Ihre Tätigkeit im Inneren erleben.

Sie werden im Flow nicht „gedankenlos" handeln. Sie werden nur keinen Gedanken an nutzlose Widerstände verschwenden. Was gedacht werden soll und gedacht werden muss, um Ihre Arbeit professionell und zufriedenstellend zu machen, das wird sich denken. Blockierende Gedanken jedoch haben im Flow keinen Raum. Und deshalb sind Sie, obwohl Sie manchmal angestrengt arbeiten oder nachdenken müssen, niemals am Ende Ihrer Kräfte.

Rumsitzen und nix tun kann auch im Flow sein, aber dann würde es Sie zutiefst befriedigen, nichts zu tun. Geschieht faules Rumsitzen jedoch nicht im Flow, sind Sie blockiert und dann nützt es Ihnen nichts, sich vor der Arbeit zu drücken. Denken Sie nicht, eine Soap im TV anzusehen oder die Bildzeitung zu lesen, schließen sich mit „im Flow sein" aus. Alles und jedes kann im Flow sein! Es kommt ganz drauf an, wie Sie sich dabei fühlen. Was immer Widerstände oder Blockaden erzeugt, ist nicht im Flow, völlig egal wie viel Beifall, Anerkennung oder Geld Sie dafür erhalten. Es wird Sie austrocknen oder Schuldgefühle erzeugen.

Sollten Sie aus existentiellen Gründen gezwungen sein, eine Arbeit anzunehmen, die Sie nicht befriedigt, machen Sie aus der Not eine Tugend, indem Sie sie zu einer Flow-Tätigkeit machen: Denken Sie nicht darüber nach, warum Sie „armes Schwein" so eine stupide Arbeit machen müssen, um sich Ihre Brötchen sauer zu verdienen, während andere in einer Stunde mehr verdienen, als Sie in einem Jahr. Tun Sie sie einfach so, als ginge es um alles! Erledigen Sie Ihre Arbeit so, als wäre es die letzte Tätigkeit, die Sie auf diesem Planeten machen dürfen – als sei Ihr letztes Stündchen gekommen! Und dann schauen Sie, was passiert! Ich garantiere Ihnen, dass Sie glücklich sein werden, was immer es ist, das Sie gerade tun.

24   Spiel des Unbewussten Spielers

Die Realität als eine Form der Illusion erkennen und die Illusion als eine Form der Realität ist so notwendig wie nutzlos.

Fernando Pessoa, Das Buch der Unruhe

Den meisten Menschen auf diesem Globus bleibt es verborgen, dass nur Bewusstsein existiert, das mit sich selbst spielt. Sie glauben tatsächlich, ein Leben lang ein Individuum unter anderen Individuen zu sein. Und das ist keineswegs tragisch, denn sie sind ja in Wahrheit Bewusstsein, nur dass ihnen das eben unbewusst bleibt. In allen unbewussten Lebewesen spielt Bewusstsein sein Spiel lediglich „selbstvergessen". Ja, es tut sogar alles dafür, um in ihnen unentdeckt zu bleiben.

Alle monotheistischen Religionen wurden vor allem zu diesem Zweck erfunden, denn solange daran geglaubt wird, einen Schöpfer *über sich* zu haben, bleibt Bewusstsein unentdeckt. Auch die Evolutionstheorie dient diesem Zweck, denn solange geglaubt wird, dass sich das Universum aus dem Nichts durch den Urknall und Evolution entwickelt, bleibt der Mensch der Illusion verhaftet, eine „sinnlose" Spezies unter vielen anderen zu sein.

Ich möchte Sie zum Ende hin noch einmal darauf aufmerksam machen, dass die Begriffe „Bewusstsein im Spiel" oder „Ebene A" lediglich sprachliche Krücken bilden. Ohne dieses Bewusstsein erwecken selbst diese Begriffe den Anschein, als handle es sich bei dem *einen* Bewusstsein oder bei Ebene A um eine überweltliche Person oder *etwas anderes* als das, was wir essentiell selber sind. Es gibt jedoch weder einen Schöpfer, noch eine Schöpfung. Niemand hat die Welt geschaffen, sie ist niemals „entstanden". Wir sind schlicht Bewusstsein, das sich sozusagen selbst spielt, indem es so tut, als könnte es Mensch sein. Erfährt es sich nicht, ist es einfach „Nicht-im-Spiel". Wo ist es denn dann? – Diese Frage ist irrelevant, weil es im *Nicht-Spiel-Modus* kein Wo, also keinen Ort gibt, an dem wir es lokalisieren könnten. Erlebt es sich „im Spiel", scheint das, was wir auf Ebene B als Universum, Zeit, Raum, Materie, Form, Kausalität bezeichnen, zu existieren. Erlebt es sich „nicht im Spiel", wird schlicht nicht gespielt und dieser Zustand ist nicht etwas vorher oder nachher, sondern verläuft sozusagen parallel zu dem anderen. Mehr kann über den Zustand des Nicht-Spiels nicht gesagt werden, da wir *Bewusstsein im Spiel* sind. Oder anders gesagt: Sind wir Bewusstsein im Spiel, können wir im besten Fall wissen, dass wir *Bewusstsein im Spiel* sind. Würden wir nämlich „erfahren", wie es ist, wenn Bewusstsein sich nicht im Spiel befindet, müsste das Spiel beendet sein. Doch dann wären schlicht gar keine Bedingungen vorhanden, welche überhaupt zur Frage führen könnten: „Was und wo ist Bewusstsein, das nicht spielt?"

Wenn Sie zu denen gehören, die sich dessen bewusst sind, haben Sie anderen Menschen *essentiell* überhaupt nichts voraus, denn diese sind ebenso wie Sie Bewusstsein. Nur dass es sich in diesen Zeitgenossen verbirgt und in Ihnen offenbar wurde. Das Spiel jedoch müssen Sie ebenso weiterspielen wie jene, in denen sich Bewusstsein noch nicht entdeckt hat.

Unbewusste spielen das Spiel meistens so, als wäre es kein Spiel, sondern todernst. Das bereitet Bewusstsein offenbar ein besonderes Vergnügen: Sich selbst so gut vor sich selbst zu verstecken, dass es den Anschein hat, als wäre es ein Mensch, der geboren wird, wächst, individuelle Erfahrungen macht, um seine Existenz kämpft, weint, lacht, liebt, hasst, sich langweilt, krank wird und irgendwann stirbt.

Warum wird Bewusstsein nicht in allen Menschen bewusst? Diskriminierend wirkt dies nur, solange geglaubt wird, Bewusstwerdung sei das Ziel des Menschseins. In Wahrheit ist Bewusstwerdung nur eine Spielvariante unter vielen anderen im Spiel. Wir beurteilen das Leben naturgemäß aus unserer eingeschränkten, persönlichen Perspektive. Bewusstsein jedoch spielt sein Spiel, wie es ihm gefällt. Sie und ich sind nur Figuren in diesem Spiel. Haben Sie jedoch dieses Buch bis hierhin interessiert gelesen, ist es evident, dass Bewusstsein sich selbst realisieren möchte oder sich bereits realisiert hat. Ansonsten wäre es Ihnen höchstwahrscheinlich unmöglich gewesen, bis hierhin zu lesen. Wollte Bewusstsein in Ihnen unbewusst bleiben, würden Sie meine Ausführungen schlicht nicht interessieren.

25 Spiel des bewussten Spielers

Bewusst zu sein ist Freude. Wenn man das Bewusstsein von den Tausenden von geistigen, vitalen und stofflichen Schwingungen, die es aufsaugen, freigemacht hat, entdeckt man die Freude.

Satprem, Sri Aurobindo oder das Abenteuer des Bewusstseins

Irreversibler Frieden ist die subjektive Erfahrung des Spielers, in welchem Bewusstsein zu sich selbst zurückgekehrt ist. Dieser satte Frieden wird nie mehr von ihm weichen. Er bestimmt sein Denken, Fühlen und Handeln. Selbst wenn er Nervosität oder Anspannung wahrnimmt, ist als Tiefenschicht in aller Oberflächenerfahrung tiefer Friede vorhanden.

Dieser Frieden ist sozusagen die Garantie dafür, dass Ihnen nichts geschehen kann, was nicht Bewusstsein ist. Sie müssen nicht, Sie werden sich automatisch an ihm orientieren. Er bedeutet Ihnen mehr als alles, was Sie ansonsten erleben. Sie können ihn, wie gesagt, nicht mehr verlieren und er wird zum Maßstab all Ihres Handelns. Er wird zum Stern durch die dunkle Nacht auf Ebene B.

Sie werden dasitzen können ohne etwas zu tun und dabei niemals den Eindruck gewinnen, als könnten Sie etwas verpassen. Ob Sie etwas tun oder nichts tun, ist für Sie nur noch in Bezug auf die Funktion Ihres Körpergefährts relevant. Für Ihren inneren Zustand jedoch spielt das, was Sie tun oder nicht tun, nicht mehr die geringste Rolle.

Ihnen ist bewusst: Ich bin da, wo ich immer war und immer sein werde. Ob ich etwas tue oder nicht tue, mich gut oder schlecht fühle, lebe oder sterbe, ändert daran nicht das Geringste. Denn ich bin der ich bin, ich war nie etwas anderes und werde nie etwas anderes sein. Und diese Gewissheit, selbst wenn sie nicht formuliert wird, ist in Ihrer subjektiven Erfahrung Realität.

ICH (als Bewusstsein) bin alles was ist! Nur ICH existiere in meiner Spielwelt! Als Spielfigur, die Ihnen am nächsten zu sein scheint, sind Sie natürlich – allein was die Spezies Mensch anbelangt – lediglich eine von ungefähr sechseinhalb Milliarden. Und das, was Sie als m*einen* Körper bezeichnen, scheint Ihnen lediglich NÄHER zu sein, als der Körper anderer Lebewesen oder materieller Formen.

Lassen Sie mich diese Erfahrung mit der Figur in einem virtuellen PC-Spiel vergleichen, mit der Sie gegen andere oder mit anderen Figuren spielen. Die Figur, mit der Sie sozusagen durch das Spiel navigieren, ist Ihnen freilich „näher" als die anderen Figuren, dennoch sind Sie sich dessen bewusst, dass Sie weder diese noch die anderen Figuren, sondern der Spieler sind, der das Spiel mit allen Figuren spielt.

Genial! Obwohl nur EIN Bewusstsein existiert, kann es sich in so vielen verschiedenen Einzelwesen und daher aus so vielen Perspektiven erfahren, wie es Lebewesen gibt. Und in jedem ist es das eine Bewusstsein, obwohl es in den meisten Menschen unbewusst bleibt.

Wenn alles Bewusstsein ist, gibt's nichts an dieser Welt auszusetzen. Selbst das Unvollkommene und Unvollständige ist perfekt. Alles ist genauso wie es sein soll. Auch das Aufbegehren gegen bestimmte Zustände in der Welt! Auch Widerstände. Widerstände gegen andere Spielfiguren im Spiel. Widerstände gegen bestimmte Situationen im Spiel. Widerstände gegen Schmerz. Sobald sie auftauchen, nutzt sie der bewusst gewordene Spieler, weil ihm bewusst ist, dass es sozusagen „Tankstellen" sind, um genau die enorme Energie zurückzugewinnen, die notwendig war, um sich einen wie auch immer gearteten Widerstand vorzutäuschen.

Und da Sie nun wissen, dass alles, was ist, *Bewusstsein im Spiel* ist, werden Sie nicht nur die schönen, angenehmen Dinge des Lebens, sondern auch skurrile, absurde Ereignisse und Situationen als Herausforderungen im Spiel durchschauen. Vorbei die Zeit, in welcher

Sie glauben mussten, Sie wären zufällig auf diesem Planeten. Vorbei auch die Zeit, in der Sie zu glauben vermochten, Sie wären nur deshalb auf diesem Planeten, um zu lernen oder sich von Alpha nach Omega zu entwickeln. Zweifellos werden Sie weiterhin lernen und sich entwickeln – doch der einzige Sinn ist das vollkommen sinnlose Spiel täglich ein wenig effizienter und mit noch mehr Vergnügen und Leidenschaft spielen zu können.

Es geht um sonst nichts, nur ums Spiel, egal was geschieht. Selbst wenn Ihnen eine gesalzene Steuernachzahlung ins Haus stünde, selbst wenn Sie arbeitslos werden würden, selbst wenn Sie Ihr Partner verlassen, selbst wenn ein Freund Sie maßlos enttäuschen sollte, selbst wenn Ihr Körper Schmerzen erzeugen würde, wird Ihnen bewusst sein, dass es zum Spiel von Bewusstsein gehört, dass Sie selbst dieses Bewusstsein sind und dass Sie selbst die gesamte Szenerie inszenier(t)en.

Erinnern Sie sich an einen absurden Traum, in welchem Sie vor Angst geschwitzt haben, über dessen Absurdität Sie jedoch beim Aufwachen den Kopf schüttelten und schließlich vielleicht sogar Tränen lachten. So empfindet der bewusst gewordene Spieler alle, auch die absurdesten Ereignisse, in seinem Erlebniskosmos.

Dem bewusst gewordenen Spieler ist bewusst, dass in allem was ihm begegnet, er immer nur sich selbst begegnet und begegnen kann. Er als Bewusstsein hat sich, um mit sich selbst spielen zu können, eine ungeheure Vielfalt an Illusionen zur Verfügung gestellt. Egal, um was es sich handelt: Den Körper-Geist-Organismus, den Lebenspartner, Freunde, Bekannte, Verwandte, Kollegen, Gegenstände, Gebäude, Geld, Bilder, Möbel, das TV-Gerät, Film, Musik, Kunst, Wissenschaft, Technik, Bauwerke, Sport, Pflanzen, Landschaften, Tiere, Speisen, Getränke, Wolken am Himmel, Planeten, Sonnensysteme, Gedanken, Gefühle, Liebe, Sympathie, Ekstase, Widerstände, Schmerz, Katastrophen. Das alles gehört zu seiner zauberhaften Spielwelt auf Ebene B.

Was ist die Folge dieser Sichtweise? Sie nehmen die unterschiedlichen Erscheinungen auf Ebene B freilich wahr, gleichzeitig aber ist Ihnen bewusst, dass Sie sich in allem selbst begegnen. In jedem Gesicht, jedem Baumblatt, jedem Grashalm, jeder Blume, jedem Buch, jedem Stau, jedem Widerstand, jedem Begehren, jedem Ereignis, begegnen Sie ausnahmslos sich selbst als Bewusstsein. Sie sind schlicht unfähig dazu, festzustellen: „Das gehört nicht zu mir! Das ist etwas anderes als ich."

Sie werden nicht aufhören, das Spiel nach Ebene-B-Kriterien zu spielen. Wer das Leben als Spiel durchschaut, hat überhaupt keinen Grund, die Bewertungskriterien auf Ebene B aufzugeben, weil sie schlicht zur Ebene B gehören. Sie werden lediglich als *temporäre* Spielregeln durchschaut. *Primär* für den bewussten Spieler sind die in diesem Buch aufgeführten.

Solange Sie glauben, ein Individuum unter anderen Individuen zu sein, werden Sie glauben, als Individuum zu handeln und handeln zu müssen. Je mehr Sie erkennen, dass immer nur das geschieht, was einzig geschehen kann, desto weniger werden Sie aus eigener Initiative „aktiv" und irgendwann überhaupt nicht mehr in eigener Initiative aktiv sein. Sie tun nur dann etwas, Sie werden nur dann aktiv, wenn Sie sich in der jeweiligen Situation inspiriert fühlen, dass es getan werden sollte. Sie fragen aber nicht, ob es getan werden soll oder gar muss. Sie tun einfach spontan immer das, was Ihnen als das jeweils Beste erscheint. Und dabei ist Ihnen bewusst, dass es genau das ist, was getan oder eben nicht getan werden soll. Man nennt das Hingabe, aber Sie werden nicht das Gefühl haben, sich hinzugeben. Hingabe an das was ist, ist schlicht Ihr natürlicher Zustand.

Ihre „Persönlichkeitsstruktur" wird sich in diesem Bewusstsein nicht grundlegend ändern, die jeweilige Spielfigur, die Bewusstsein mit seinen spezifischen Charaktermerkmalen spielt, bleibt erhalten. Und Sie müssen sich wie alle anderen Menschen mit den alltäglichen Dingen befassen. Aber sie tun das nun, ohne etwas zu tun. Sie sind jetzt beteiligt, ohne beteiligt zu sein.

Schließlich entdecken Sie, dass Sie vollkommen unauffällig, eingehüllt in tiefem Frieden, alles was geschieht, widerstandslos akzeptieren. Ob Sie sich aktiv oder inaktiv erfahren, erleben Sie in stillem Glück alles als ein Geschehen, dem nichts hinzugefügt werden kann und nichts hinzugefügt werden muss.

Sollten Sie nun aber vermuten, dass Ihr Leben langweilig würde, lägen Sie schief. Langeweile ist völlig unmöglich, weil Sie stets im Spiel sind und dieses Spiel wertschätzen, spannend finden, ja lieben. Sie sind weder mit der Vergangenheit, noch mit der Zukunft beschäftigt, sondern wie ein Kind spielen Sie im Hier und Jetzt Ihr ganz spezielles, unnachahmliches Spiel. Ganz so, als würden Sie in jedem Moment wählen, was Sie tun oder nicht tun, stets jedoch in der Gewissheit, dass alles genau nach Drehbuch verläuft.

Furcht vor dem Tod gibt es nicht, weil Sie wissen, dass Sie weder geboren wurden, noch sterben.

Und nun ist diesen Informationen (vorerst) nichts mehr hinzuzufügen. Wer Ohren hatte zu hören, hat es vernommen. Wer es nicht oder noch nicht hören kann, spiele auf Ebene B bedenkenlos unbewusst weiter, *es spielt* wirklich nicht die geringste Rolle. Denn auf Ebene

A sind Sie, egal was Sie auf Ebene B tun oder nicht tun, unbegrenztes Bewusstsein.

Fragen und Antworten

Ich habe hier die häufigsten Fragen von Seminarteilnehmern, sowie meine Antworten aufgelistet. Vielleicht sind einige dabei, die Sie mir auch stellen würden.

In meinen Seminaren verwenden wir die „Du-Anrede", und da es sich um Original-Dialoge handelt, die lediglich sprachlich, jedoch nicht inhaltlich modifiziert wurden, bleibt es auch in Schriftform dabei.

Ich kann mir nicht vorstellen, wie ich meine Frau, meine Kinder, meine Freunde lieben kann, wenn mir klar werden sollte: Die sind doch alle ohnehin Illusion.

Wie ist es denn, wenn du dir einen Kinofilm ansiehst, der dich begeistert oder berührt? Ist diese Begeisterung oder das Berührt-sein etwa kein ganz real erscheinendes Gefühl? Und manchmal verliebst du dich sogar in einen der Protagonisten und hasst einen anderen. Sind diese Gefühle im Moment ihres Erscheinens etwa nicht ebenso real wie im sogenannten „wirklichen" Leben? Liebe und Wertschätzung für die Menschen, die Welt, den Kosmos werden überhaupt nicht gemindert, sie werden sich sogar intensivieren, wenn dir klar wird, dass es deine Erfindungen sind. Manche meinen, die Desillusionierung führe in die Resignation und/oder Langweile. Das Gegenteil ist der Fall. Du bist endlich *im Spiel* und damit in der Wirklichkeit.

Ich verstehe immer noch nicht, weshalb ich einerseits keinen freien Willen besitze und andererseits für alles verantwortlich bin, was ich erlebe. Also nicht nur für mich selbst, sondern auch für das Verhalten der Anderen.

Stell dir eine Bretterwand mit zehn Löchern vor, aus der zehn Finger ragen, wobei du natürlich nicht die Löcher, nur die Finger siehst. Von vorne betrachtet und ohne das Wissen, dass sich dahinter eine Person mit zwei Händen und zehn Fingern verbirgt, hast du gar keine andere Wahl, als zu glauben, die Finger bewegten sich in eigener Regie und jeder für sich. Würdest du jedoch hinter die Bretterwand sehen, wäre dir klar, was wirklich passiert. Was immer die Person mit ihren Fingern tut, tun die aus den Löchern der Bretterwand ragenden Finger. Übertragen bedeutet dies: Du bist Bewusstsein und bewegst nicht nur deine, sondern *alle* Personen in deinem Erlebniskosmos. Daher hast du als Person keinen freien Willen und als Bewusstsein die volle Verantwortung für das, was in deinem Erlebniskosmos geschieht.

Wenn ich mich verantwortlich fühle für all den Mist, den ich im Leben schon gebaut habe, fühle ich mich schuldig und klage mich an. Wie kann ich das vermeiden?

Du kannst dich nur schuldig fühlen, wenn du glaubst, du wärst der Täter deiner Taten. Das ist unwahr, denn du tust nichts und hast nie etwas getan, und das ist überprüfbar. Was immer geschieht, ist ein Ereignis, für das niemand verantwortlich ist.

Aber das ist doch ein Widerspruch, Werner. Du sagst, ich sei in Wahrheit Bewusstsein und würde all das tun, was getan wird, und gleichzeitig sagst du, dass niemand verantwortlich ist.

Verantwortung zu übernehmen ist nichts, was du tun musst, sondern Ergebnis der Sicht: Ich bin Bewusstsein! Wenn es nichts und niemand gibt außer Bewusstsein, wen willst du denn verantwortlich machen außer Bewusstsein und damit dich selbst!

Warum tut Bewusstsein so viele unverständliche Dinge auf diesem Globus?

Bewusstsein tut in Wahrheit überhaupt nichts. Was auch immer geschieht **ist** Bewusstsein. Das gilt es zu verstehen. Als Metapher: Was tut ein Blumensame für sein Wachstum? Er wird einfach, was er potentiell bereits ist. Ebenso Bewusstsein. Alle Aktivitäten sind Bewusstsein in seinem SOSEIN. Unverständlich erscheinen uns Dinge nur, solange wir die Dinge nicht aus der Perspektive des Spielers betrachten.

Du verstehst also, weshalb sich Naturkatastrophen, Kriege, Folter, Vergewaltigungen, Hungersnöte ereignen?

Die Antwort auf diese Frage bedarf hoher Sensibilität, denn solange du nicht im Spiel bist, siehst du das, was geschieht, als real an. Bist du im Spiel, erlebst du die sogenannte Realität als luzider Träumer. Dir ist klar, dass es Illusion ist und dass nur eins existiert: Bewusstsein im Spiel mit sich selbst. Nichts davon ist real, außer der Energie, die sich in den verschiedenen Lebensformen manifestiert.

Angenommen das Leid betrifft dich „als Spielfigur" oder einen Menschen, den du liebst. Sagst du dir dann auch: Das ist ja alles nur ein Spiel?

Im Spiel zu sein bedeutet mitnichten, keine Gefühle mehr zu haben. Wenn mein Körper Schmerz produziert, fühle ich ihn wie jeder andere Mensch als unangenehm und möchte möglichst schnell von ihm befreit werden. Wenn ein Mensch, den ich liebe, eine Härte erfährt, fühle ich selbstverständlich mit ihm und tue alles in meiner Macht stehende, um ihm beizustehen. Die Welt als virtuelles Spiel zu durchschauen, macht uns mitnichten zu gefühllosen, unverantwortlichen oder gar asozialen Wesen. Nur wirst du deine Energie nicht mehr in Projekte investieren, die nichts mit deinem spezifischen Spiel zu tun haben.

Werner, mich interessiert es ganz besonders rauszu-
kommen aus dem Kampf-ums-Geld-Spiel. Ist es denn
wirklich möglich, den Geldfluss allein dadurch zu
aktivieren, dass ich weiß: Ich bin Bewusstsein?

Solange es dir darum geht den Geldfluss zu aktivieren, bist du noch im Kampf-ums-Geld-Spiel. Raus bist du
erst, wenn dir klar ist, dass überhaupt kein Geld existiert.
Was erscheinen kann, erscheint im Bewusstsein und ist
Bewusstsein im Spiel. Wenn dein Blick sich auf das
richtet, was du wirklich bist, kannst du nur noch temporär
in Situationen des Mangels geraten. Und der Mangel hat
jetzt nur noch eine Funktion: Dir die Energie zu verlei-
hen, die notwendig war, um diese scheinbar defizitäre
Situation zu kreieren.

Ich würde gern erfahren, wie du dir die Energie aus
unangenehmen Gefühlen zurück holst.

Einfach indem mir bewusst ist, dass alles Bewusstsein
ist und dass außer Bewusstsein überhaupt nichts existiert,
auch nicht das unangenehme Gefühl. Vielleicht schließe
ich kurz die Augen, damit die Emotion, die sich mit dem
Mangel oder dem Verlust verbindet, ganzkörperlich
gespürt werden kann. Ich bleibe also in dem unangenehmen Gefühl, lasse mich ganz darauf ein und mache mir
bewusst, dass diese spezielle Emotion im Grunde nichts
anderes als pure Energie ist. Nach einer Weile hat sich

die emotionale Energieform aufgelöst und steht mir als pure Energie zur Verfügung.

Kannst du uns nicht noch etwas genauer beschreiben, wie die Auflösung funktioniert?

Es wäre nicht nützlich, diesen Vorgang näher zu erläutern, weil du mich sonst nur nachzuahmen versuchst. Das ist nicht mein Ziel und es ist auch nicht effizient. Es geht überhaupt nicht um das Erlernen und Praktizieren einer Methode, sondern einzig und allein um das **Bewusstsein**, dass unangenehme Emotionen Energieformen sind, die sich tatsächlich auflösen, sobald man sie als Täuschung durchschaut. Sobald du dir dessen bewusst bist, wirst du wissen, was du zu tun hast und wirst nach einiger Zeit der Erfahrung sogar ein Meister darin werden.

Filmempfehlungen

Die hier aufgeführten Filme können als Anregung dienen, die Welt mit anderen Augen zu sehen, nämlich als geniale Simulation einer Welt, die nur einen EINZI-GEN Sinn hat: zu spielen.

- Avatar

- Klick

- Die Truman Show

- eXistenZ

- Matrix (Teil I)

- 13th Floor

- The Game

- Und täglich grüßt das Murmeltier

- Contact

- The Man from Earth

- A Beautiful Mind

Angebot

Wenn Sie nach dem Lesen des Buches den Eindruck haben sollten, weitere Hilfestellung zu benötigen, um das Spiel Existenz optimal(er) spielen zu können, sei auf die Website des Autors verwiesen, auf der Sie sich ausführlich über das Coaching- und Seminarangebot informieren und Kontakt zu Werner Ablass aufnehmen können.

www.wernerablass-coaching.de

info@wernerablass.de

Über den Autor:

Werner Ablass wurde im August 1949 in der Oberpfalz geboren und wuchs im Allgäu auf. Nach einer tiefgreifenden, spirituellen Erfahrung in seinem 18. Lebensjahr, wirkte er bis 1986 als Prediger in bibelgläubigen Kreisen. Danach konzentrierte er sich auf seine Karriere und war sieben Jahre im mittleren Management eines internationalen Unternehmens tätig. 1994 machte er sich als Trainer für Führung, Verkauf und Kommunikation erfolgreich selbständig. 2000 endete eine dreijährige Ausbildung zum NLP-Master. 2003 erschien sein erstes Buch „Leide nicht – liebe", das zum Bestseller wurde. Im Juli 2004 begegnete er dem Advaita-Meister Ramesh Balsekar in Mumbai. Währenddessen ging seine über 40 Jahre während Suche nach der absoluten Wahrheit zu Ende. Mit überwältigender Klarheit realisierte er, dass es zwar Taten gibt, jedoch keinen Täter. Neben seiner Tätigkeit als selbständiger Trainer wirkt er gegenwärtig als Autor, Coach und Verleger an seinem Wohnort im idyllischen Zabergäu in der Nähe von Heilbronn.

Werner Ablass
im Omega-Verlag

Leide nicht – liebe
Über die Liebe zur Liebe ohne Objekt

192 Seiten, geb.
mit Schutzumschlag
ISBN: 978-3930243303
€ 10,80

Liebe ist die Lösung

230 Seiten, geb.
mit Schutzumschlag
ISBN: 978-3930243327
€ 11,80

Gar nichts tun
und alles erreichen

288 Seiten, geb.
mit Schutzumschlag
ISBN: 978-3930243365
€14,00

**Entzaubert
siehst du nur Liebe**

192 Seiten, geb.
mit Schutzumschlag
ISBN: 978-3930243457
€ 11,50

Abschied vom Ich

267 Seiten, geb.
mit Schutzumschlag
ISBN: 978-3930243495
€ 17,80

Notizen: _____

_____

_____

_____

_____

_____

_____

_____

_____

_____

_____

_____

_____

_____

_____

_____

_____

_____

_____